《中陰聞教救度法》的原著者——蓮花生大士

中陰文武百尊（寂靜部）

中陰文武百尊（忿怒部）

六道輪迴圖

西藏生死

導引書

揭開生與死的真相

堪布慈囊仁波切 講授

The Tibetan Book
of Living and Dying

上

吉祥祝願辭
བཀྲ་ཤིས་སྨོན་ཚིག

རྒྱལ་ཀུན་ཡབ་གཅིག་རྒྱལ་སྲས་གཞོན་ནུའི་ཚུལ།།

諸佛一父佛子童子相

དྲན་པ་ཡིས་ཀྱང་སྲིད་པའི་མུན་སེལ་བ།།

稍憶念故令除世間暗

དམར་སེར་རལ་གྲི་འཆང་བ་གང་དེ་ཡིས།།

紅黃色身持劍聖者彼

ཁྱོད་ལ་ཤིས་པའི་མེ་ཏོག་འཐོར་གྱུར་ཅིག།

願賜汝等吉祥妙散花

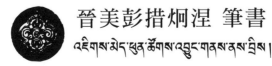

晉美彭措炯涅 筆書

འཇིགས་མེད་ཕུན་ཚོགས་འབྱུང་གནས་ནས་བྲིས།

目錄

推薦序

　　二十世紀末的今天，人類以自己的智慧和雙手創造了新的物質文明，解決了生活中遇到的很多困難。但是人類的基本痛苦生、老、病、死是現代科學無法解決的，因此，科學史上所有偉大的科學家如牛頓、愛因斯坦等都在生老病死之前無法不低頭。他們面臨生、老、病、死的時候與普通人毫無差別，所以，現代科學不能滿足人類最終極的心願——自由自在的解脫。

　　解脫是超越生、老、病、死的範圍和一切生命的終點站，也是每個眾生早晚將要回歸的大自然，已經回歸此境界的高僧們的來去是這麼自在、這麼安詳、這麼快樂的。他們沒有煩惱，也沒有痛苦。因獲得了內心的自在，自然也獲得了外境的自在，不受地、水、火、風等四大種的影響。這確實是真正的自由和幸福，是故，人類自我認識和開發自身智慧是唯一使人們實現最高之理想的。

　　生、老、病、死的來源和它的本質，以及超越它的方法等等諸多人生的重要問題，只有佛法裏才能獲得正確的答覆。所以，社會各界人士應該讀一讀佛法寶典，我們相信每個人都會有一定的收穫。

　　　　　　　　　堪布　　慈誠羅珠

序言

中陰教法係藏傳佛教不共之甚深教法，介紹今生與來世投生之情形，以及實修與甚深廣大的解脫方法。

近代在心理學的詳盡研究，也報導了有關心最微細之情況以及隱晦難解之前世今生相關之情形。

一般而言，所謂「中陰」意為「二者之間」，但在此處，「中陰」係指「出生至死亡中間」以及「死亡至出生之間」等六種中陰之情況，以及其解脫迷惑之理論。

如就其分類，可分成六種中陰。

首先為「生處中陰」，指「神識與身體結合投生後，至臨終死亡次第未出現之間。」此處說明：神識已經進入母胎，神識與身體結合之後呱呱落地。在此也依賴於聞、思、修正法，或身、口、意三門努力行善，以此方式消除此世之痛苦與煩惱，並且成就自他善好利樂之事，以種種方法使暇滿人身具有意義。

「睡夢中陰」者，指：「睡眠之時，開始作夢起至夢境未醒之間。」在此階段之實修為「辨明夢境」、「變轉

增」、「夢境轉為光明」等內容。依賴睡夢之實修,能自主於夢境,則能迴遮種種凶夢,轉成善夢,且能了知白晝所顯真實之種種迷惑,實則有如夢境一般無實,如此則能斷除晝、夜種種迷惑妄念。

「禪定中陰」者,指:「進入等持之後,至未出定之間。」此處說明:專注於安止、勝觀、生起次第、圓滿次第等各類等持,此皆係令貪戀、瞋恨等煩惱,內心痛苦與不堪及未調伏之妄念……等予以止息之善巧方便。也說明內心之功德,等持之寂樂與能力等,在內心生起善巧方便。

「臨終中陰」者,指:「導致身、心離散時之臨終死亡次第顯現後,至最後細分壽命消滅最後際為止」。此處說明死亡次第如何顯現;如何消除由此所導致的身體苦痛與內心對死亡的恐懼;乃至最後之收攝,在死亡無懼下將死亡轉為修道,死亡成為法身解脫的善巧方便。

「法性中陰」者,指:「死亡之最後,身心之法性,清淨所顯部分顯現於外,從開始至其消滅之間。」此處要說明:對於顯現在外之境相,中陰聖眾之種種恐懼、害怕如何遮止,在了解種種顯現皆是清淨之身、音、光、明點等,是本尊之自性,實為自顯,之後即能令覺性進入佛身,法性中陰於此報身而解脫之甚深善巧方便。

「投胎中陰」者，指：「法性中陰滅盡後，直至未結合來世之間」。此處要說明：死亡之後，多數眾生在中有時，苦樂景象如何顯現之情形；如何排除此時之種種痛苦與恐懼；中有準備投生與投生之情形，上等者投生於淨土，於自性化身剎土解脫，若不能如此，則遮除惡劣投生，取得善好投生之善巧方便；遮止種種惡劣胎門，結合善胎門之投生情形及其實修次第……等等詳細解說。以上係簡略介紹中陰教法。

　　數位與敝人結下長期法緣之弟子，渴求佛法，深具信心且意樂清淨，懇請云：「請講說中陰指導。」敝人曾蒙受怙主金剛持善巧博士——噶瑪策定親自教授，恩賜中陰指導與教誡，僅以此為基礎，為具法緣者進行講述。

　　當時曾有錄音，之後菩提三乘林佛學中心會長職事與數位弟子計劃筆諸文字，敝人則頗費躊躇，一則憂心任意流通甚深教法，二則中陰教法已見於其他中文書籍。然數位熱心淨信者，則請云：「若能就文字未清晰處予以解釋，則更為易解明瞭其義，便於憶持。闡明他者未詳盡處，且請述觀修方式，無論如何，請務必出版為佳！」

　　敝人內心深覺，若能就易懂方式解說，當有如此之利益。且平日敝人即認為：佛教諸多派系，其共識基礎根本當應歸根於相信前世今生之論，而且認同與接受前世今生與業力因果之觀念。姑且不論對前世今生或中陰接受、承

認與否，但一切眾生勢必將經歷其境，是故就總體或個別情況而言，中陰教法實至為重要。

近代國際間不論東方或西方，均對中陰教法至為重視，且致力研究，有關身、心之聯繫、形成之過程，前世今生中有之情形，均屬於極隱晦法的範圍，如果不仰賴中陰教法的解釋說明，前述內容即使費盡九牛二虎之力亦將至為難解。故在此處依據諸多教言、理路與口訣闡述中陰教法，至盼本文之出版對前述潮流能略盡綿薄，做出些微貢獻。

堪布　慈囊仁波切

出版緣起

　　這是一本至為震撼的書籍，自有人類生命開始到現今的二十一世紀，大多數人對生命與死亡的奧秘，無不都期盼能有更深入的了解與重大的發現。

　　佛教教主——釋迦牟尼佛是一位覺者，他早已宣說人的神識是不生不滅的。神識有如現今的磁碟記憶體，將所有的一切全部記憶、儲存，永不抹滅，它是一種自然的定律法則，每一個人的善、惡作為，它會自然評斷，一一裁定，公平的把你引領到你應該去的地方，你是沒辦法可以跟它爭取、辯駁的。

　　每一個人對「生與死」這個課題都會產生很大的疑惑和恐懼，這本書就是為大家解開生死之謎，為大家陳述整個生命體的真相：從出生到死亡，死亡到出生的輪迴循環，以及人死後神識將到那裡去？會遇到什麼樣的情況？會有來世嗎？會有地獄嗎？會有閻羅王的審判嗎？會有鬼使神差的迫害嗎？死亡七天後會回家嗎？所有的疑問，所有的真相，都在這本書裡面非常清楚的解說。

　　當你看完此書以後，你會有如獲得珍寶一般，對所謂的「生命」完全了解。為什麼我會投生在這個家庭裡？為什麼他（她）是我的丈夫、妻子？為什麼他們是我的孩子、親人、仇人？你將會對生命了解的越清楚，對生與死不再恐懼。

　　你也會深刻體會生命是可貴的，人生是無常的，更懂得如何掌握自己的未來，充分利用在這世界上的每一個時刻，做些有意義的事情，累積自己世代的福德資糧，不再擔心壽命的長短，珍惜身邊的每一個人。

　　生命是沒有終止，沒有盡頭的。死亡並非一無所有，死後還要面對一切，又要再一次的承受自我審判，接著神識又隨此世所造的善惡，投生到自己驅使受報的處所。種瓜得瓜、種豆得豆，一切皆為自己所造、所受。你若真的看懂了這本書，相信今後你的人生觀，將大大的改變，因為念頭變善了，行為自然為善，未來也跟著改變、美好，在臨終之際也可以比較安然自在地解脫。

　　西藏人非常重視「中陰得度」。若家中有人往生或即將臨終，一定會特別邀請有經驗的度亡師為亡者修「破瓦法」，引領亡者放下對肉體的執著、掛礙，慢慢的帶領其神識進入中陰，教導亡者如何選擇何種光明，引導其神識在法性中陰時獲得解脫。

　　《中陰聞教救度法》這部經典非常深奧，在藏傳佛

教中，無論任何宗派都相當重視這部無上密法。一般的僧眾、居士若沒有深入的研究、實修實證，是無法了解經典所述，更無法清楚講解這部甚深經典。在藏地，即便是藏人想聽聞也實非易事；在西方國家，若想深入信解則更難值遇此機會了。

堪布慈囊仁波切希望眾生皆能從這部經典中獲得實質利益，故將無上甚深口訣完全無私的貢獻傳授，願大眾能珍惜此善好因緣，好好努力學習、研究，獲得幫助，在法性中陰裡皆能自在解脫，才不枉費仁波切對大家付出的一切心力。

仁波切在傳授此甚深口訣的十天當中，每天前來聞法者均座無虛席，因為慈悲的上師將頗為深奧的密法用最簡單易懂、易學的方式向大家陳述，每一個部份均有詳盡的解說。

在傳授過程當中，每位聽聞者皆非常專注用心地聆聽，因為這部教法跟大家的性命攸關，盼大家牢記書中所陳述的各種解脫方法，平日按照仁波切所教導的實修方式多做練習，在臨終五大消融之時才能清楚的認識了知，決定跟隨何種光明離開。唯有對死亡有真正的了知，才有機會契入法身解脫。

這兩年來，不斷接獲各方來電，希望仁波切能將當時授課的講稿整理，印製成書，以利大家能珍藏閱讀，勉

力學習，也能幫助家人、親朋好友有機會能閱讀到這本書，這是他們的急盼。

謙虛的仁波切曾言：一般書坊已經有出版介紹中陰的書籍了，實不需再出版此書。

但聽聞者卻說：也曾購買過書坊介紹的中陰書籍，但並不詳盡，內容也沒有仁波切上課時所教導來的完整，書中也沒有教導大家如何實修，更無法看懂其意思，或者雖然看完了但還是無法了解。而聽聞了仁波切所講解、傳授的中陰教法，真的是非常清晰仔細，從來沒有聽過這麼清楚的中陰口訣，如果能出版成書，將是眾生的福報。

因此，我們懷著能夠與大眾共享法喜、共結善緣的初衷，將此書付梓出版。希望能夠幫助更多對佛法有興趣的眾生，一起在尋求證悟的解脫道上，共同努力修學，圓滿今生的功課。

祝願大眾　吉祥如意　善妙增長

菩提三乘林佛學中心
會長　王莎賀　敬筆

第一篇 總論

The Tibetan Book
of Living and
Dying

第一章

前行——
正確的發心

首先在聽法之前，我們需要有正確的發心，也就是發起殊勝的菩提心——在不善、無記與善的三種意念中，將所有不善的意念和無記的意念完全遮止，並且不斷地生起慈悲心與菩提心……等善的意念，大家應該以這種殊勝的發心來聽聞教法。

曾經有一對母女在過河時被大水沖走，母親當時心裡想：「我被淹死了沒有關係，只要女兒能夠平安到達陸地上就好。」女兒心裡也想：「我死了沒關係，只要媽媽平安就好。」結果母女兩人都被淹死。她們死了之後，天上出現彩虹，母女兩人同時往生到天界。為什麼她們能有這麼好的善報？因為她們在臨終時，內心所起的是清淨的善念，故能感得這樣的果報。

所以，我們要時時心存善念，而善念中最殊勝的就是發菩提心。

彌勒菩薩在《現觀莊嚴論》裡有一句偈頌說到：「**應為求利益一切有情眾生之故發心修行，成就佛道。**」

在修行上要如何發起殊勝的菩提心呢？首先應該為了究竟利益一切有情眾生的緣故而發願修行成佛。有了這樣

的發心之後，再進一步地聞、思、修，並透過六波羅蜜來精進修持，以達到究竟的解脫。行者在修學的過程中，首先要斷除各種邪惡的、不善的意念；進一步再將中性的、無記的業也完全斷除；而心裡則確實地生起一切善的意念——慈悲心與菩提心。

所以當我們聽法的時候，應該不離菩提心地為了利益一切有情眾生而聽法。如果說法者及聽法者都能以菩提心的意念來講述、聽聞佛法的話，那是再好不過的了！因此，現在請各位發心：「**我們為了要使遍虛空的六道有情眾生，能夠證得究竟的佛陀果位，而來聽聞教法，並於聽聞之後發願確實修持以證得成就，來利益一切的有情眾生。**」

彌勒菩薩 ▶

第二章

教法概說

第一節
教法內容簡介

　　佛陀說：「**我將趨向解脫的法門教示給你們，但是否想走向解脫則完全由你們自己決定。**」佛陀爲了利益眾生，向眾生開示了「苦諦」和如何從輪迴中解脫的法門，而大家聽聞之後，是否願意依止這些法門修行以求得解脫，則完全掌握在每個人的手中。所以我們應該了解：雖然佛陀開示了無數的修行法門，但是眾生是否能夠依止？是否如實修行？而哪些是該斷除的？哪些該捨棄？哪些又該避免？而且個人在實際的修行上，是否已經如實地斷除、捨離？這些都完全取決於眾生自己。

　　佛陀開示了無數法門，希望眾生在聽聞之後能確實地修持，走上解脫之道，然而我們卻不斷地在輪迴中流轉。

　　輪迴中的各種現象可以總歸爲六種中陰的情境。至於在這六種中陰的情境中，眾生要如何修持？該如何從中得

到解脫？這些就是整個《中陰聞教解脫法》的內容。

這個法是一切諸佛菩薩為了度化不同程度、不同根器的眾生而開示的。在所有的修行法門中，特別是金剛乘，它有各種的善巧跟方便，因此對於根器銳利的眾生，是可以允許傳授甚深而且能快速證得解脫的法門，而《中陰聞教解脫法》即是一門非常深奧，又能快速成佛、解脫的殊勝法教。

第二節

書名

　　這本《中陰聞教解脫法》，即是我們現在所要講的「六中陰教授儀軌」藏文名爲《雷紐恩曲喔鈞倔》，中譯爲《斬斷業及煩惱之流》。

　　此書名的意思是：眾生從無始以來因爲無明的緣故而造作各種業，再由於業力的驅使而不斷地在三界中流轉；然而經由中陰的教法則可以究竟斬斷無明，使我們從輪迴中解脫，故此書名爲《斬斷業及煩惱之流》。（**爲求行文之方便，於本書中將其簡稱爲《中陰教法》。**）茲將這部教法中對我們最重要的部份，次第的來進行解說，並將此解說所集成的這本書，命名爲《西藏生死導引書》。分爲上下二冊，分別闡明生死的眞相及六種中陰境界，以及殊勝的修持法門與口訣。

緣起

這個教法的緣起，依照經典中所記載：最早是由鄔金淨土的蓮花生大士所傳授，後來為了讓末法時代的眾生能修持此教法，便將這個中陰教法巖藏起來，後世再由具緣的瑜伽士——取藏者「南開吉美」大師取出並加以弘揚。

蓮師授記的取藏大師
——南開吉美尊者

第四節

殊勝處

　　此教法具有使所有六道有情眾生都能迅速解脫的功德利益，也就是說：眾生藉由聽聞、了知這個教法，當死亡後面臨「法性中陰」時，當下就能得到解脫，不需要再次投胎轉世，所以這是一個非常殊勝、深奧，並且具有廣大利益的教法。

　　《中陰教法》對於現代的眾生非常重要，因為眾生個個充滿了各種的煩惱與妄想，內心非常散亂及懈怠，並且在佛法的聞、思、修與修行的助緣上都非常薄弱。為什麼《中陰教法》對當代而言是非常重要的呢？因為在修學其他的法門時，行者大多需要遮止自己懈怠的過失，然後依止寂靜處，再經由聞、思、修與止觀……等等次第精進地去修學，才能證得解脫的成就。但是現代的眾生非常懈怠，而且智慧短缺，沒有辦法如理如法地去聽聞、思惟、修學，所以也就難以證得解脫的果位。

因此，如果大家能夠依止這個「聞即解脫」的《中陰教法》，只要能夠聽聞並了解有關中陰的法門，了解在中陰時所有由迷惑所顯現的相狀，是如何的情境，當面臨死亡與這些現象的時候，我們不需要費很大的努力去修持，就能夠在面對死亡，或各種中陰之時，藉由此教法迅速把握解脫之道而得到解脫。這也是《中陰教法》的殊勝之處。

繪有六道與十二因緣的六道輪迴圖唐卡（右圖）

第三章

中陰的
形式與分類

第一節
中陰的三種形式

中陰有三種形式：一個是「清淨的中陰」，一個是「不清淨的中陰」，另一個是「淨不淨的中陰」，也就是一部份清淨、一部份不清淨的中陰。

一、何謂「中陰」？

「中陰」，藏文稱之「把墮」（bardo）。「把」是指「兩種狀態之間」，即為「中」；「墮」是「前者與後者的關聯」。「把墮」就是「由開始到結束的中間這段期間」，中文翻譯為「中陰」或「中有」。

二、清淨中陰

「清淨中陰」指的是：一切法的根源是清淨無染的，由清淨無染的法性所展現出來的是圓滿的報身及化身，這是屬於「清淨的中陰」。所以已證悟的佛陀所顯現

的報身與化身是「清淨的中陰」。

三、不清淨中陰

　　第二種「不清淨中陰」指的是：一切的有情眾生由於對法性本質迷惑的緣故，而顯現出迷惑的境相，這就是「不清淨的中陰」。

四、淨不淨中陰

　　第三種「淨不淨的中陰」指的是：已經在修行道上的行者還沒完全淨除一切的無明迷惑，亦即尚未證得佛陀的果位，所以還不能完全展現出「清淨中陰」的現象，因此在其修行過程中，雖然仍有垢染不淨的中陰顯現，但另一方面也會有清淨的顯現，所以稱為「淨不淨的中陰」。

五、不清淨中陰顯現的原因

　　對於凡夫眾生以及修行道上的行者而言，這個「不清淨中陰」的顯現是怎樣的情況呢？事實上它是以法性為基礎，由於對本自清淨的法性不了解（稱之為「無明」）的緣故，而執著清淨法性為自我，所以有「不清淨中陰」

的顯現。這就好像有個人看到草繩，誤把草繩當成是真
實的蛇，於是產生了各種的疑惑和恐懼。同樣地，眾生
由於無明、執著的緣故，將本自具足的清淨法性執著為
「我」，於是產生了「不清淨中陰」的現象。

第二節
中陰的六種分類

一般而言，中陰有六種情境，分別是：

- **生處中陰**（亦譯生存中陰、處生中陰或處胎中陰）
- **臨終中陰**（也翻譯成死亡中陰、命盡中陰）
- **法性中陰**（也翻譯成實相中陰）
- **投胎中陰**（亦譯受生中陰、投生中陰、中有中陰）
- **禪定中陰**（亦譯禪定中有、定中中有）
- **睡夢中陰**（睡眠中陰）

一、生處中陰

六道眾生正式投胎受生，從出生有了身相之後，一直到死亡的這段期間所顯現的種種景象，稱為「生處中陰」。

二、臨終中陰

第二個稱為「臨終中陰」。臨終中陰是指開始面臨死亡的過程，在將要死亡時從四大分離、消融的次第，一直到內、外之氣息斷滅，究竟死亡，死亡的現象完全展現的這段期間稱為「臨終中陰」。時間上約莫是生處中陰結束後，到法性中陰現起前的這個階段。

三、法性中陰

第三個是「法性中陰」。法性中陰是從臨終中陰結束開始，直到投胎中陰現起的這個階段。在消融次第已經完全結束，亡者陷入昏迷之後，再一次展現出法性本具的智慧、聲音、光芒、光點等等情境，並且顯現出寂靜、忿怒本尊的種種身形的過程。

四、投胎中陰

第四個是「投胎中陰」。投胎中陰是從法性中陰結束後，一直到正式投胎受生的這個階段。

在這個階段中，我們可以藉由生前所聞受的種種教授，而選擇往生佛國淨土或是投生到六道去。而在這個過

程中，亡者會面臨各種痛苦、快樂等等不同的境相。因為
這是選擇再次投生的一種中陰過程，所以稱為「投胎中
陰」。

五、睡夢中陰

　　第五個「睡夢中陰」指的是由入睡一直到醒來的這個
階段。

　　眾生由於心、氣相依的緣故，身體中的氣、脈、
明點在睡夢中展現出種種迷惑的幻境，故稱為「睡夢中
陰」。對於三界的眾生而言，一切的顯現都是迷惑的境
相，而睡夢中則是比白天的迷惑還更加迷惑！為什麼
呢？因為從自己無明迷惑的妄念中再展現出各種睡夢中的
境相，即是迷惑中之迷惑，因此稱其為「睡夢中陰」。

六、禪定中陰

　　第六個「禪定中陰」是指修行時安住於三摩地中一直
到出定的階段。

　　行者不論是依生起次第、圓滿次第，或者依「止」
或「觀」的法門而修持，當行者專一安住在三摩地的境
界中時，對於無明迷惑的過失能以修持所生的智慧將之

降伏，繼而安住於定境中，凡是進入定境的期間都稱為「禪定中陰」。

七、生處中陰與睡夢、禪定中陰的說明

實際上，六種中陰的展現是有次第的。

我們現在處於生處中陰的階段，經由聞、思、修三種方式來修習正法，確實地依循教法在此生中精進修持，以求證得解脫，這是目前生處中陰的狀態。而睡夢中陰以及禪定中陰也是伴隨著生處中陰的階段而展現的。我們要知道：白天是一種無明迷惑，而睡夢則是更大的無明迷惑，這就是睡夢中陰的情景。禪定中陰則是依聞、思、修的佛法修學而讓心安住、契入三摩地的境界中。因此睡夢中陰以及禪定中陰都是在生處中陰裡的現象。如果我們在生處中陰階段未能得到究竟解脫的話，緊接著就會面對「臨終中陰」的境界。

八、六種中陰境相的本質

中陰現象的展現其實是緣於本自清淨的如來藏。因為眾生對於本自具足的三身智慧不了解的緣故，因而展現成六種迷惑的境相。然而那是怎麼樣的展現情形呢？其實本

來沒有這些現象，我們卻因爲迷惑而認爲「有」各種實有的現象，一切境相的本質，本來就沒有任何眞實性，但我們卻將這些無實的現象執著成是實有的，於是就有所謂六中陰的境相。

輪迴所展現的一切現象，其實都是虛幻不實的，因爲我們迷惑於此虛幻不實的輪迴現象，執著其爲眞實，就如同我們明明知道夢中的境相都是不眞實的，但是當睡夢未醒的時候，卻會誤以爲夢中的一切現象都是眞實的。因此如同《心經》所開示的：「一切諸法的本質都是空性的。」其實整個輪迴境相的本質就是如此。

以上簡述六種中陰，接著將更詳細地解說每一種中陰的現象。

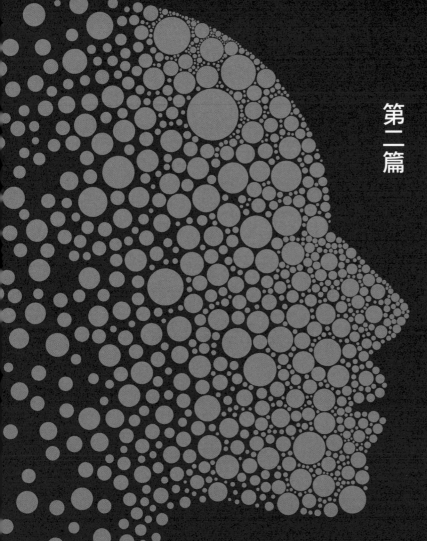

第二篇

六種中陰的顯現與修持法

The Tibetan Book
of Living and
Dying

第一章

生處中陰

在六種中陰裡，我們首先談生處中陰。從出母胎一直到死亡的過程未開始前，這段期間就是生處中陰。

先講生處中陰如何展現？再進一步講在生處中陰的階段中應如何修持。

在生處中陰的過程中，睡夢中陰及禪定中陰也隨著出現。雖然睡夢中陰及禪定中陰的修持總括在生處中陰裡，但是在此我們主要講生處中陰的修持法，後面再講睡夢中陰及禪定中陰的部份。

第一節
生處中陰的顯現基礎

生處中陰顯現的基礎、根源如下：

一、五蘊與五大的本質——
　　即五方佛及佛母的體性

由於我們對本自清淨的法性沒有正確了解而產生迷惑，便顯現出生處中陰的境相。例如由色、受、想、

行、識等「五蘊」組成的身形幻顯，是因為我們對於本自清淨的五佛智慧身不了解的緣故，繼而產生迷惑、執著，於是顯現出此「五蘊」。

眾生由於不了解五蘊的本質其實就是清淨五佛的體性，因此產生了妄執五蘊的迷惑。由於迷惑而造業，繼而生起更多的煩惱，於是不斷地在輪迴中流轉，因此五蘊的執著便成為一種非常真實而強烈的我執。其實業與煩惱在本質上也是我們本自具足的智慧與法性。由於眾生對本自具足的智慧與法性無明、迷惑而產生執著，於是有各種煩惱的產生。因此我們要了知：五蘊的本質是五方佛的體性，而地、水、火、風、空五大的本質即是五方佛母的體性。

二、十八界的本質即本具的智慧光明

同樣地，十八界中內在的眼、耳、鼻、舌、身、意「六根」對應外在的色、聲、香、味、觸、法「六塵」而產生「六識」，總結為十八界。由於眾生不了解內六根、外六塵……等等本質上其實都是本具的智慧光明，又由於根塵相觸而造作種種的業，因此不斷地輪迴。

三、八識的本質即八大菩薩

眼識、耳識、鼻識、舌識、身識、意識、末那識、阿賴耶識等八識的本質是八大菩薩。

四、身上各部位的本質——
　　即文武百尊中守護各門的聖眾

我們應該確實了解：身上的各個部位，在本質上就是文武百尊中守護各門的聖眾。

因此，就法性真實義而言，這一切都是本自清淨的境相，眾生因為迷惑而產生迷惑的認知，於是成為我們所執著的五蘊、六根、六塵……等不清淨的外境，又在不淨的境相中不斷地起煩惱、造作各種的業力而流轉輪迴。

我們所執著的外在器世間以及能執的自身，其體性、本質皆是空性。眾生因為不了解空性的義理而產生各種迷惑，又因為迷惑而造業、流轉於輪迴。以上是由顯教的角度來談的，然而在中陰的教授裡更進一步講到：「由於我們對本自具足的佛性、清淨的本質不了解，於是將其迷惑、執著為外在的五蘊、五大、八識……等等不清淨的現象，因此不斷地在輪迴中流轉。」

上述即是眾生於生處中陰時，因迷惑而展現的情
形，以及迷惑的根源。

第二節

生處中陰的顯現相狀

一、三界的身相、意念與住處

如果我們就六道有情眾生分別所顯現的相狀來看的話，可以分成三界，分述如下：

（一）欲界人道的肉身

欲界中之人道有情眾生分別由血、肉或稱之為四大（地、水、火、風）所形成的身形，各自亦有大小不同的展現，與不同相狀的差別。

（二）欲界地獄道的意生身

同樣在欲界的地獄道有情眾生雖然沒有真實的由血、肉、四大所形成的身形，卻有因自己造業所形成的業報身，再經由業報身遭受到寒地獄、熱地獄等種種的痛苦。

譬如在熱地獄中，炙熱的痛苦在剎那之間就令其死亡，死亡之後又會再一次復活。所以地獄眾生的生死是一種虛妄的生死，因為他們並沒有由四大和合所形成的血肉身形，其身形只是由於自己造作的惡業所感現的「意生業報身形」（簡稱為「意生身」）。

地獄道中的情境如寒冷地獄、熾熱地獄……等等，對於人道的有情眾生而言，在裡面連一分鐘、一秒鐘也沒有辦法生存，但是地獄道的眾生卻是生生死死、長期地生存於此，其中最主要的原因就是他的身相並不是由血、肉、四大所形成的色身，純粹是因業報所展現的「意生身」。

（三）色界、無色界的禪定意身

在三界中的色界及無色界，已不存在由四大、血、肉所形成的不清淨色身，其存在的形式是禪定中的意身。

（四）三界眾生身相的差別

三界中最下層的欲界身，是非常粗的身相。而在色界與無色界裡，粗的身形已不存在，有的只是微細的身形。

（五）三界眾生意念的差別

同樣地，在意念上也是這樣，欲界眾生的意念是非常粗糙的形態；而在色界、無色界的意識形態則比較細微。

（六）三界眾生的住處

三界所存在的現象是什麼呢？我們可以講色界、無色界是在我們所處的世間（地球）之外的，那是由非塵土所成、沒有大地的一個世間，一般而言是依虛空而住；甚至有一部份欲界的天道有情眾生也是住在虛空中的，不過他們大部份都是安住在大地之上。

二、六道的世間相狀

六道有情眾生各自所處的世間相狀也有很大的差異，分述如下：

（一）地獄道

1.熱地獄

熱地獄的境相是熱鐵熔漿的外境。

2.寒地獄

寒地獄則是非常嚴寒的情境。

（二）餓鬼道

餓鬼道眾生所處的世間現象，大致上都是充滿各種痛苦、恐懼、貧窮的景像，讓人看了就不歡喜。

（三）畜生道

畜生道的情境就不一定，有些以山林為居，有些以大海、河流為居。

（四）阿修羅道

阿修羅道的有情眾生一般是居住在須彌山的四周，或是須彌山的上方一點。

（五）天道

天道的有情眾生由於自己所造之善業福報而處於三十三天中。

（六）人道

人道的有情眾生各自隨著所造的業果而生活在四大部洲、八小洲……等等世界。

三、六道眾生的苦樂現象

六道眾生由於迷惑的緣故，亦各自展現出苦樂不同的世間現象：

(一)地獄道

地獄道眾生因為業力而展現出寒、熱等等地獄，並在其中遭受各種寒熱的痛苦。

(二)餓鬼道

餓鬼道的有情眾生始終遭受著飢餓、乾渴等各種痛苦，甚至即使他們看到了食物與水，飲食也會化現成污垢、膿血……等等不堪的情境。

(三)畜生道

畜生道的眾生陷在愚癡無明的迷惑境相中而互相殺害、互相吞食。

(四)阿修羅道

阿修羅道眾生的心續總是以自我為主，因此處處要勝過他人，自大、傲慢，故常身陷於戰爭中。

（五）天道

　　天道眾生由於福德的緣故而身處於喜樂的境界中，但是這些喜樂享受仍然是無常的，等到福報享盡，其身上顯現出各種衰敗的現象時，他們將再次面臨痛苦。

（六）人道

　　在人道也有各種痛苦與快樂的情境，例如我們會不斷地面臨生、老、病、死的痛苦，也常常面臨所求不得、怨憎會、愛別離苦（越想要的反而越得不到；時常會與自己討厭、不喜歡的人聚集在一起；不斷地與自己所至愛的親朋好友相互遠離）。

　　以上是六道有情眾生的苦樂現象。

四、六道眾生投生於三界的業因與差異

　　以下講解六道有情投生於三界的業因，以及各道因所造的業而顯現出的飲食享受與壽命長短之差異。

（一）投生於三界的業因

　　在欲界中，主要是由眾生所造的各種善、不善、無記等業果而投生其中。而色界及無色界一般是經由禪定中所

造的業而感得。

（二）飲食的差異

在欲界中所受用的是粗的飲食。色界、無色界所受用的是以意念為主的微細飲食。

（三）壽命的差異

色界、無色界的眾生和欲界中的天道眾生壽命非常長，有好幾劫的壽命，而欲界中地獄道的眾生壽命也是如此，人道眾生的壽命則是不定的。欲界畜生道的眾生壽命也是長短不一，例如有些畜生的壽命可以長到一百年、兩百年，有些壽命則非常短暫，一出生馬上就死亡，屬於剎那之中生死。

以上所講的是生處中陰所顯現的各種現象。

生處中陰的修持法

我們現在所處的中陰狀態即是生處中陰，這段期間在修行上最重要的就是經由聞、思、修三學來確實修持生起次第的教法，所以我們一開始即探討生處中陰的顯現，並描述生處中陰的六道有情眾生所處的狀態。之後則說明眾生處於生處中陰時應該如何修行？又應該依止什麼修行要訣？

修行的方法包括前行和正行兩部份。

一、前行

就修行而言，前行的修持是非常重要的，甚至比正行還更重要。為什麼呢？因為修行能不能真正走上正確清淨的修行道，完全取決於前行的基礎是不是打得穩固。

前行的部份有四種不共的前行以及共的加行。

（一）共的加行

　　為了調伏自心的煩惱，必須以共的加行為基礎。在共的加行中最重要的是下列三種思惟：

　　第一、如實地思惟、了知暇滿人身之難得。

　　第二、了知輪迴的種種痛苦，包括思惟業報因果。

　　第三、了知死亡與無常的義理。

　　此外，在有些教授當中，會將上述第二項分為「輪迴過患」和「因果不虛」二個加行，因此便成為共的四加行。

（二）四不共前行

　　為了要清淨、調伏自心，則須修持四種不共的前行。四不共前行的第一項是「皈依」，以皈依來清淨我們的修行意念，其次以「百字明咒」來清淨所造的諸種惡業，之後以「上師相應法」來清淨內心，最後以「獻曼達」來累積修行的資糧。

二、正行

　　在座各位大部分都已修行許久，因此也經過很長時間的聞、思、修，對於前行的部份，縱使尚未如實圓滿，但是至少在閱讀書籍或經教時，對於前行的教授大多已經有

所了解與領悟，所以在這裡前行的部份就不再做繁瑣的開示，直接講正行的部份。

正行於身、語、意三門各有修持的要領。

（一）身的要領

在修行時，身體維持正確的姿勢是非常重要的。如果不了解身體正確姿勢的話，在修行中即無法生起覺證與功德，甚至會產生種種的障礙，因此先講身的要領。

我們的身體保持正直的時候，身體中的脈也會挺直；脈直了以後，脈中的氣就能行走得非常順暢；氣直了以後，本具的覺性就會清明，覺性自然就能夠安住，所以修行時身體的姿勢是非常重要的。

1.斷除外、內、密的三種造作

當我們依止身的要領修行時，最重要的是必須斷除外、內、密三種造作。

斷除外的造作：對於世間的各種事物，在禪修的當下要完全放下，也就是捨棄外在世間的一切作業。

斷除內的造作：雖然在修行上要行持各種善業，但是在修行的當下要將行善的意念先止息下來。

斷除密的造作：將心確實地安住在禪修上，不任意起各種意念，亦不造作各種的業，將心念完全地專注。

以上是依身體要領修持時所要注意的事項。

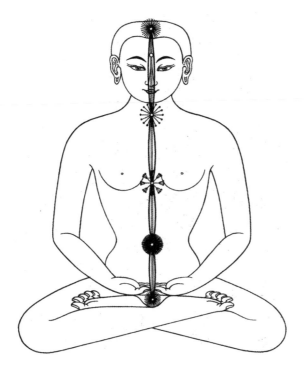

上圖為毘盧遮那七支坐姿，中央為人體的脈輪。

2.毘盧遮那七支坐

　　當我們能保持身體的要領，遮止住外、內、密的三種造作之後，自然便能安住在身的要領上。至於安住於身的要領有「毘盧遮那七支坐」，要點如下：

　　一、首先雙腳跏趺坐。

　　二、雙手結定印於臍下。

　　三、脊椎保持正直。

　　四、脊椎直了以後，腹部自然微微地向後縮。

五、下顎微向後縮。

六、舌頭微抵上顎。

七、眼睛順著鼻尖，安住在鼻尖前方的虛空中。

當我們按照「毘盧遮那七支坐」的要點安住時，很自然地，心也能達到安住的狀態。

(二)語的要領

語的要領分成外、內、密三個部份：

1.外的要領

當我們禪修時，當下應該止息無益的綺語、兩舌……等等。

2.內的要領

修持的時候，甚至連善的言語，譬如向眾生開示佛法、勸眾生行善等等有利於眾生的言語都要止息下來。

3.密的要領

甚至持咒、儀軌唱誦等等「語」的修行也都要完全停止，而將身心安住於禪定的修持上。

身和語如果能保持上述的要領，心自然會契入安定的狀態。

(三)意的要領

心的安住同樣有三種要領：

1.外的要領

修行時應該自然不造作地遠離過去、未來……等等的意念。這是什麼意思呢？安住的時候，對於迷惑所起的種種意念，不管是回憶過去，或是想像未來，一切意念都要完全放下，只有當下清清楚楚的覺知。如實、自然地安住於覺知中，也就是遠離過去、現在、未來的意念。

2.內的要領

甚至於觀想本尊身相、思惟生起慈悲心或是善的意念……等等也都要完全放下，不造作地讓心自然安住。

3.密的要領

此時對修行的執著也要完全放下。一般人常會對修行產生執著──即所謂的作意修持，但是當下連如此微細的修持意念也要完全放下，讓心自然地安住於心的體性中。

若能按照上述的要領去修持，本來沒辦法調伏的心與無法止息的煩惱、念頭便能調伏，而能讓心安住於本具的覺性中。如果不能調伏自心，妄念將雜亂紛飛，思慮、想像、念頭會不斷湧現，就像一台沒人控制的汽車般地橫衝直撞。我們如果不能學著調伏自心的話，內心就會不斷地生起各種妄想、念頭，繼而不斷地造作原本不想去做的各種作業。

（四）調伏自心的修持法

調伏自心有兩種情境：一種是調伏粗相的心，另一種是調伏微細的心。要調伏粗相的心，可藉著前行的各種方法來修持；至於要調伏微細的心，則必須經由修行上的止、觀、生起次第與圓滿次第……等等的修行方式。

1.止

止的修持方法分成兩種：

第一種是依有相的對境來修持。

第二種是不依任何有相的對境來修持（無相修持）。

（1）有相止

首先講有相止的修持：修持的時候，必須先生起皈依及發菩提心的殊勝意念，之後在正行有相止的修持時，也要依照前面的身、語、意三種要領來修持。

①修持的方法

一、在自己面前放置任何一個小小的物品，譬如一朵花、一粒小石頭、一個木塊……等等任何容易看到的東西。眼睛注視著這個物品，內心自然安住，不要被各種念頭干擾，將心專注在前面的這個物體上。這樣修止時，心既不緊繃，也不是任隨念頭與妄想紛飛。此時眼睛看著這個東西，心則自自然然地、非常專注地安住在對境上。

二、觀想在自己的眉間有白色的明點。這個白色的明點非常明亮潔淨，大小就像豆子一樣。它雖然有白色明點的相狀，卻不是實質、固體的東西——有相狀卻無實質。將心安住在這個白色明點上，而安住的當下，心則不爲各種念頭所擾動，自然地安住在明點上。

三、觀想自己面前空中有觀世音菩薩。觀世音菩薩的身形可以是四臂觀音菩薩或是中國的白衣觀世音菩薩……等等，以自己最容易觀想、最有信心的方式來觀想觀世音菩薩的身形。之後觀想觀世音菩薩的心間有種子字 ཧྲཱིཿ（啥）字，將心安住在心間的 ཧྲཱིཿ（啥）字上，令心不散亂。

四、依止呼吸的修止方法是將呼吸配合「ༀ（嗡）、ཨཱ（啊）、ཧཱུྃ（吽）」三個字做觀想，這是依氣來修止的方法。

②修持的要領

一、修的時間要短、次數要多。

如果能把握這個要領來修止，自然地心就愈來愈能安住，心的各種煩惱也愈來愈能調伏。

二、自心覺照，以對治修行上的中斷障礙。

剛開始修止時，會察覺到我們的各種煩惱、念頭更加熾盛，這時候不用疑惑，其實並不是自己的煩惱、念頭愈來愈強烈，而是因爲以前沒有修行，從來不曾觀照、覺察

到原來自己的煩惱妄念那麼多、那麼猛烈，所以不要因為有這麼多煩惱而生退轉或沮喪的意念，這是不需要的。在任何煩惱、念頭顯現的當下，不必有任何怯懦或退轉之心，應該將心安住在不為妄想擾動的情境中。

有些人在禪修的時候，由於妄想、念頭非常強烈，內心常會生起退轉的想法，甚至會覺得以前沒有用這種法門修持的時候，內心反而非常寧靜，沒有這麼多的煩惱與妄念，因此便覺得這個法門不適合自己，於是將這個修行方法放下，其實這是一種修行之中的中斷障礙。這是第一種情況。

第二種情況是：有些人在修行的時候，對於妄念的生起無法如實覺察並讓其自然平息、消失，反而去追隨妄念，繼而生起第二念、第三念，隨著妄想而不斷地盤旋，於是修行就陷入妄念中，這也是錯誤的修行方式。

因為上述兩種情況，所以自心覺照是修行時重要的要領。當妄想念頭生起時，當下就要覺察念頭的生起，然後心不隨妄念所轉，安住在「不執著妄念」的禪修中。久而久之，妄念反而會有助於自心覺照的生起，這是修行上很重要的要領。

(2)無相止

前面有相的止是：心定於某一個對境，然後自然地安住。如此依所定的境來安止自心，是有相止的修持。無相

止的修持是：心自然鬆緩、不依任何對境的安住在心的本質上。

(3)止的重要性

不論修生起次第或是圓滿次第，或者是觀照，首先在「止」上都要有很好的基礎。如果沒有很好的「止」爲基礎，就無法將心安住在生起次第或是圓滿次第的觀修，甚至是勝觀的觀照上。

2.觀

所謂觀，簡單地說就是：心不追隨過去的意念，也不盤算未來，只對當下的念頭如實了知心的本質，守護於心的體性上。

所有的修行，都是在「生處中陰」這個階段爲了要達到究竟解脫而修持的，而其中最主要的就是止觀的修持。另外，大家也可以依止其他教授裡所提到的生起次第、圓滿次第……等等要點來修持。

第四節

本章問答

一、剛剛講到欲界、色界、無色界的時候，曾經提到聲音上的不同，例如有所謂的聲音很粗、很細，或是意念很粗、很細，可否更進一步說明？

答：所謂聲音粗、細的分別是指：在我們所處的欲界之中，眾生是透過色身發出聲音，用語言來做溝通；到了色界、無色界的時候，他們不再需要用色身以及聲音來做溝通，所以那種聲相是更微細的。在欲界，我們的身形是由血、肉、四大和合而成的粗相色身；到了色界的時候，眾生的身形是一種微細的意生身，這種身相的聲音已經超越我們粗的血、肉色身的聲音狀態；到了無色界的時候，連色身都沒有了，因此聲音也沒有了。

二、剛剛說六中陰的教授是指導智慧不夠、時間不多的眾生，讓他們不必精進修行就可以解脫。然而在講生

處中陰的時候，又說止的功夫要足夠才有辦法進入觀，這兩種說法有沒有什麼矛盾的地方？

答：這個問題非常好！生處中陰的修持要領其實就是整個學佛的過程，而所有的法門都是我們必須修行的內容，所以在生處中陰時需要修觀、需要清淨，這些都是必要的。

但是中陰教法真正的殊勝和深奧在於眾生進一步進入臨終中陰、法性中陰與投胎中陰的時候，若能如實了知並把握住那些中陰狀態的顯現情況，和一些深奧的要領，縱使他在這一生中的修行並沒有達到很高的境界，仍然可以藉由中陰的教授而得到解脫。所以前面一開始講中陰教法的殊勝和利益時，最主要就是在強調臨終中陰、法性中陰和投胎中陰這三個部份。

三、我們現在是人，只能跟人溝通，有沒有可能人可以跟鬼道或神溝通？

答：一般來講是沒有的。六道有情眾生由於各自業的顯現而展現出各種不同的境相。因為業相差別的緣故，以人道眾生而言，看不到色界、無色界等天道的情形，也看不到地獄道眾生受苦的情境，大致而言就是這樣。但是也有一些特殊情況，有些經典或是歷史記

載曾經有提到，比如說：有人死了還魂、死後七天又活過來，回想他到地獄看到了什麼、地獄道眾生又跟他說了什麼，這在一些記載上是存在的。

但是一般而言，人道有情的眼睛結構使得我們所看到的境相只是相應於眼的結構所能看到的色相，所以我們看不到色界、無色界、地獄……等等的現象，這是從眼睛的結構來講。從佛法上來講，因為眾生各自業報差別的緣故，所以所能看到的境相也是有差別的。同樣地，在語言上也是這樣子，就像人也無法聽懂畜生的語言。有些人也許是因為眼根差別的緣故，他可以看到已經死亡眾生的神識，或者可以看到無形眾生的境相，這是因為他自己過去生業果的關係，導致他這一生具有眼根的特別能力。

四、有些人會被鬼魂所附身，這又是怎麼一回事？

答：這種情況是有可能的，譬如說一個人原本是男孩子，但是另外一個神識進入他的身體中，搶奪了他的身軀。當時進來的也許是一個女孩子的神識，因此他的整個行為就會改變成像一個女孩子。有時外在的無形鬼魅進入另一個人的心識中，這個人的行為受到鬼魅的影響而改變，這也是存在的。

The Tibetan Book of Living and Dying

西藏生死導引書 上

以前我在五明佛學院裡讀書的時候，有個同學的父親可以看到無形的眾生，因爲看到太多無形眾生的形相，使他的內心非常恐懼。在那個地方有個修持很好的出家人，他父親就去找這位喇嘛，請喇嘛加持，讓他可以看到無形眾生的這個能力消失，因爲他害怕到連晚上都沒有辦法好好入睡。

之後喇嘛就幫他觀照，發現到他雖然投生爲人，但是眼睛的脈卻像狗眼睛的脈一樣。因爲狗眼睛的脈和人眼的脈所能看到的境相是不一樣的，所以他會看到無形眾生的形相。於是喇嘛幫他修法，調整氣脈，將其轉換爲正常的脈，從此他就再也看不到這些境相了。所以這主要是因爲我們身體脈相上的差異而有可能發生的現象。

第二章

臨終中陰

　　關於臨終中陰的部份所要探討的是：臨終中陰的顯現方式爲何？處於臨終中陰時應如何修持？要把握什麼修持要領來契入法身解脫？

　　眾生從出生到臨命終時的五大消融次第還未現起以前都屬於生處中陰。生處中陰之後是臨終中陰。從身體五大次第的消融開始，一直到最微細的消融次第結束，這個階段就是臨終中陰。

　　如果從一般定義上來說的話，從所得的致死之病嚴重到我們粗的五蘊、五大與五根的感官作用喪失開始，最後呼吸中止，粗的外氣中斷，直到最微細的內氣斷絕爲止，這個過程稱爲臨終中陰。

　　在生處中陰的階段裡，我們若能透過聞、思、修三學及止觀……等等法門精進修持的話，是有可能在此生中證悟的，就像密勒日巴尊者於一生中精進修持而究竟解脫成佛一樣。如果眾生於今生不能捨棄懈怠而努力精進

即生成佛的成就者——
西藏傳奇大師密勒日巴尊者

修持的話，那麼就要把握死亡時臨終中陰的現前來解脫。

　　要能在死亡時得到法身的解脫，唯有現在如實地修持，同時對死亡時的各種現象與修持要訣牢記於心，那麼當臨終中陰現起的時候，就能夠把握時機以契入法身解脫。然而死亡時契入法身解脫是怎樣的情境呢？在臨終中陰顯現到五大消融的最後一個次第時，本具的心性光明會顯現。當光明顯現時，如果能認知並安住在心的體性中，便能契入法身解脫。

　　至於臨終時如要能確實認識法性顯現的本來面目，唯有現在修行時，對於從死亡時的五大消融次第到最後光明顯現的次第，都有清楚的了解之後，才能當下認識出本來面目，因此要了解臨終中陰。我們對於此生必死的原因必須要知道，同時對於死亡的徵兆以及死亡時會遭遇的痛苦要深入地了解。唯有對死有了真正的了知，才有機會契入解脫。

　　按照這個次第，首先要了知死亡是一定會降臨的。因為我們這個身體是由無常的血肉之軀聚合而成，所以遲早一定會死亡。死亡將至時會有一些死前的徵兆，如果能深入觀察，就可以了解何時將面臨死亡，這時候便可以透過各種修法以延長壽命。如果到了無法延長壽命的時候，若對死亡時的各種消融次第有深入的了解，當真正面臨死亡時就可以毫無恐懼地契入法身解脫。

第一節

了知此生必死的真理

　　一切有為法的本質是無常的，沒有一樣是恆久的，有為法的本質就是生滅的。請仔細觀察：人在粗相的色身形成之前，是由父精母血的聚合，加上神識對其產生強烈的執著而投射其中，才孕育出每個人的生命。因此人的生命形成之初是由父精母血及神識等三種「有為法」聚合而成的。人身是五蘊聚合的色身，只不過是短暫的聚合，當因緣消散時，血肉的生命是會死亡的，因為一切都是無常的。由此可知，死亡終究會來臨。事實上，並沒有什麼方法可以讓我們長生不死，這是鐵定的事實。

　　而且在外緣上，也常常會有各種的疾病在障礙著我們，甚至各種維持生命存活的助緣也是未定的。有時透過食物、醫藥等滋養可以維持生命，但是當使用不當時，反而會成為致死的助緣。因此不僅外在器世間是無常的現象，連一切六道有情眾生的生命也都是無常、容易毀壞、時時刻刻都會消失的。我們的生命正如同水流一般地

刹那流逝。當迷惑的時候，以為河流是常住不變的；但是了解實相時，方知河流是無常的、非恆住的。身體像客棧，生命如過往的旅客，並不能常住在身中。壽命隨著時間一年、一月地消逝，是無常的。

再次地仔細觀察：自身從出生到現在的所有過程都是無常、變易的。甚至於當人的年紀愈來愈大，一直到老、到死，這些階段沒有一刻是恆常的。因此世間沒有不死的方法，死亡降臨時，不管任何的藥物、方法都無法挽回生命，因為一切都是業的顯現。

每個人必定都會死亡，但是面臨死亡的時候，該如何使內心毫不恐懼地面對死亡並且做好萬全的準備呢？答案是：「現在就要做好準備！在生處中陰時聽聞、修持佛法，努力行持一切的善業，斷絕一切的惡業，並且透過生起次第、圓滿次第和止觀的修持來做好萬全的準備。」

第二節

死亡的徵兆

　　臨命終時首先會有死亡的徵兆現起。而了解死亡的徵兆有什麼意義呢？當我們因為了解這些徵兆而知道自己將要死亡時，可以先用各種方法來延長壽命；若是沒有辦法延壽的時候，便會面臨死亡顯現的過程，而當死亡將要真正來臨時，自己心裡也可以好好預想死亡時的各種現象，以及思考應該如何面對死亡，如此就能透過萬全的準備來迎接死亡，因此首先要了解死亡的徵兆。

　　死亡的徵兆有四種：外、內、密、秘密。這四種層次的分別，代表著面臨死亡時間較長或較短的徵兆，以下配合時間上的差別來做講解：

一、外的徵兆

　　外的徵兆會由夢境的不斷異常來顯現，其夢兆如下：

一、夢見一座山，山上都是紅色的「甲給」樹，自己
　　則走上遍滿紅色樹的山裡，這是死亡將近的徵
　　兆。

二、夢到紅色的花朵凋謝，這也是死亡的徵兆。

三、夢到自己走上寺廟中的佛塔。

四、夢到自己走向由沙聚集而成的山上。

　　五、夢到猴子，我們則倒騎在猴子身上（猴子
　　的頭和我們的頭方向相反）。

六、夢到倒騎在騾子、豬、駱駝、水牛的身上，這些
　　都是代表死亡的徵兆。

七、夢到女孩子的身體是黑色的，臉也是黑色的，身
　　上還穿著黑色的衣服。

八、夢到黑色的女孩子將我們的腸子拖出來。

九、夢到全身黑色的人手上拿著棍子來殺害我們。

十、夢到全身黑色的人拿著棍子驅趕我們，將我們
　　帶到某個地方，或是將我們帶到一個荒涼空曠
　　的地方，而我們就在那裡流浪，這一類的夢都
　　是死亡的夢兆。

十一、夢到野獸奪取我們的心臟。

十二、夢到自己自殺。

十三、夢到自己向南方走去。

十四、夢到自己全身赤裸，沒有穿衣服，還拿著塵土

詳細講述死亡徵兆的唐卡（一）

灑在身上。

十五、夢到自己身上穿著黑色的衣服或是披著黑布。

十六、夢到頭上戴著由動物的胃翻轉所製成的帽子。

十七、夢到自己的頸部綁著繩索。

十八、夢到很多羅剎等非人眾生對自己非常好。

十九、夢到這些羅剎送吃、喝的食物給我們。

二十、夢中的情境很昏暗，時時刻刻都是昏暗的。

二十一、夢到自己單獨在一個很空曠的原野上，或是
　　　　身處在很空曠的城鎮中。

二十二、夢到自己單獨去某地而沒有任何遊伴。

二十三、夢到自己到達了另外一個地方，但卻找不到
　　　　任何的住所。

二十四、夢到自己穿紅色的衣服往西方走去。

二十五、夢到自己要到遠方，別人正在為我們送行。

二十六、夢到自己走進一個沒有門可以進入的屋子。

必須注意的是：這一類的夢如果只是偶爾出現一
次、兩次的話，就不是很準確。但是如果經常出現的
話，就表示是死亡即將來臨的徵兆。

另外在做夢的時間上，初夜（也就是上半夜）所做
的夢一般是比較不準的，因為上半夜的夢有時候是隨著前

The Tibetan Book of Living and Dying

西藏生死導引書 上

一天的習氣而現起的一些迷惑境相，而有時一些無形眾生的干擾、障礙也會在上半夜顯現，所以上半夜的夢兆是比較不準確的。夢兆如果出現在清晨時分，也就是將要清醒時，一般來講則是比較準確的。

　　夢是最大的迷惑，比一般的迷惑更加迷惑！雖然如此，夢中的徵兆仍然是觀察死亡的方法。夢中所顯現的徵兆稱為外的徵兆，若真的即將進入死亡，在臨命終前三年之內會經常有這樣的夢兆現起。如果僅僅只是夢到一、兩次，這樣的夢兆就不是很準確了，因此稱這些為外的徵兆。

二、內的徵兆

　　內的徵兆由身體器官的異常變化來顯現，分為兩種：第一種是不需要特別觀察就會顯現在身體上的徵兆。第二種是用特別的方法去觀察後顯現出來的徵兆。

(一)不需特別觀察即會顯現於身上的死亡徵兆

　　例如：

一、在沒有任何病兆的時候，如果指甲沒有光澤或血色，代表此人可能即將死亡。

二、眼睛不再有眼屎產生時也是死亡的徵兆。

三、後腦勺的頭髮自然脫落，一拔就會脫落，這也是死亡的徵兆。

以上所述的三項，都是確定將死的徵兆。

四、照鏡子時看不到自己的影像。

五、沒有生病，牙齒卻產生汙垢、泛黑的現象，這也是死亡的徵兆。

六、鼻子鼻塞，而且鼻孔乾枯陷落。

七、四肢伸展困難也是死亡的徵兆。

八、眼睛慢慢地沒辦法張闔。

九、臉頰深陷、鼻子歪曲，再來是眼淚流個不停。

十、有時候不是因為生病的關係，口卻無法張闔，舌苔變成黑色等等。

十一、本來的耳朵是自然地朝向前面，當有一天耳朵慢慢地貼近頭顱時也是死亡的徵兆。（有些人天生耳朵就貼近後面，這則另當別論，並非是死亡的徵兆。）

上述的第四至十一項，這些徵兆都是因為我們身上的氣在消失、消融而造成器官缺少能量，因此會產生落陷或

喪失功能的現象。

十二、男子不是因為生病的關係而由小便道流出血來。
十三、同上，女子則流出白色的液體。

以上二項也是死亡的徵兆。如果是感染其他疾病而有這些徵兆則是例外。如果沒有感染其他疾病而有這些現象的話，就表示身上的氣、能量正在消耗、喪失，因此是死亡的徵兆。

十四、如果打噴嚏的時候，連帶屎、尿也無法控制地往外泄，這也是死亡的徵兆。
十五、平常我們看得到自己的鼻尖、舌尖，如果有一天你再也看不到自己的鼻尖、舌尖了，表示你身體裡某一部份的氣已經在退失了，這也是死亡的徵兆。

以上所講的各種徵兆都是可以透過觀察得知的。當我們觀察其他人或病人時，也可以發現這些死亡的徵兆。此外，如果會把脈的話，也可以追查出這些徵兆。

(二)需用特別的方式觀察的死亡徵兆

需要用特別的方式去觀察的死亡徵兆有四類：一、從身體上觀察。二、從身體裡的氣去觀察。三、從心的狀態去觀察。四、其他觀察死亡徵兆的方法。

1.觀察身體的方法
(1)月光映照法

在月光明亮、天空非常清朗的夜晚，可以藉著月亮的光芒來映照自己的身影。我們的右手拿著經書，左手拿著念珠，身體則背向月亮，此時影子便會出現在我們的面前。將眼睛好好地注視影子，注視許久之後，眼睛再轉望於虛空中，這時候地上的影子會因為視覺暫留的現象而映現在虛空中。如果映在虛空中的影子的頭與四肢都具足的話，表示七年內不會死亡。如果少了手、腳或哪個部份，便代表在什麼時間內會面臨死亡。譬如影子顯現在空中，有時缺一隻手、一隻腳或一個頭，這些分別代表你的壽命可能只剩下九個月、七個月，或六個月等等。

一般來講，此時所看到的影子應該是完整的，和我們在地上所看到的影子是一樣的。有時候看到的影子是上、下顛倒的，或是只看到上半身或下半身等

等，這些現象都代表大概什麼時候可能會面臨到死亡。

(2)手腕觀察法

　　另外一個觀察方式是：在中午的時候，身體面向南方，坐姿則是將雙腳縮在胸前，再將兩隻手放在額頭上。如果你從影像上看到的手腕是斷掉的，代表著自己將會死亡。

2.觀察身體中的祕密氣

我們的身體有出入息的氣、四肢運作的氣……等共五種氣息，而觀察身體中的祕密氣也可以覺察到死亡的徵兆。例如：

一、上行氣在清晨太陽剛出來的時候，如果快速地往
　　上走的話，這是一種死亡的徵兆。

二、平常我們呼吸時，左右兩鼻孔進出的氣是不定
　　的，有時候右鼻孔進氣比較多，有時候左鼻孔
　　進氣比較多，有時候則兩邊平均。如果氣息由
　　左鼻孔進出較多的話，代表這個人較長壽；如
　　果比較常用右鼻孔呼吸的話，代表這個人的壽
　　命比較短。

三、在氣息方面我們還可以這樣觀察：在每個月初

一、初二、初三的清晨，太陽剛要出來的時候，我們的氣一般是由左鼻孔進出的，然後每三天交換一次，再來就是右邊，如此三天、三天地輪流交換。如果氣息符合上述情況，代表此人是長壽；如果和上述情況顛倒或是錯亂的話，則代表此人在壽命上是比較有障礙。

還有一些更微細的觀察，例如有時可以由身體中各種氣息的運行知道人的壽命只剩下幾天等等，由於這一部份太過微細，在這裡就不再敘述了。

3.觀察心的變化狀況

一、平常我們的心是安定的，沒有什麼起伏；如果突然心神不寧，無法安住，產生很急劇的變化，這也是一種徵兆。（這和平常的修行是不相干的，有時在修行中我們的心會產生巨大的轉變，那是因為修行所致。這裡講到的急劇變化是人沒有修行，心卻有巨大的轉變。）

二、內心無緣無故地想要到很遠的地方去，心沒有辦法安住，想坐也坐不住，想要去什麼地方卻也去不了，心思經常陷落在這樣的狀態中，這也是死亡的徵兆。

4.其他觀察死亡徵兆的方法

還有其他方法可以觀察死亡的徵兆：

一、當我們用兩隻手摀著耳朵時，通常會聽到嗡嗡的聲音，如果聽不到任何聲音也是一種死亡的徵兆。

二、用手壓著眼珠時，通常會看到各種光點現象，如果看不到任何幻相光點也是一種死亡的徵兆。

三、當你彈指的時候不再有聲音。

四、將東西放在例如一盞燈、一根蠟燭之類的光源前面就會產生一個影子，如果哪天你看到的是兩個影子，這也是死亡的徵兆。

五、當你走在泥沙上卻沒有任何腳印時。

六、愈來愈喜歡聞煙供的味道。

諸如此類的死亡徵兆，在教法裡講得非常多，在此我們僅舉出上列各項，以供參考。

第三節

延長壽命的方法

一、延長壽命的目的

當死亡徵兆現前時，要趕緊依止延壽法門來修持「欺騙死神以延長壽命」的方法。在寂天菩薩的偈頌裡說：「我們這個色身是無常的，是一切痛苦的本質，但是我們不論是在利他的修行或是自利的成佛解脫方面，都要運用色身來積聚資糧與行持利他的事業。因此縱使色身是無常的，是一切痛苦的本質，我們仍然要好好地運用延壽法門來增長壽命。」

我們這個生命是過去生中修行善業、累積資糧所感得的暇滿人身，依此暇滿人身能夠修行證悟成佛，甚至能幫助六道有情眾生從痛苦中得到解脫，因此這個暇滿人身在修行與利他事業上是非常重要的。所以我們要用各種方法來求得長壽住世，好藉著長壽的生命來自利利他。

二、以智慧斷除痛苦的因

　　現代的科學及物質非常發達，但是越來越多的眾生只要稍微遭受一點點痛苦，馬上就想要結束自己的生命，不但沒有在面臨痛苦的時候，好好找出解決痛苦的方法，反而是以傷害自己的生命來面對，這是非常愚癡的。許多現代人面臨痛苦時，第一個念頭常是以自殺來逃避。也許他們認為自殺後就不必再面對痛苦，便能從痛苦中解脫，而事實上自殺並不是解決問題的方法！自殺以後，苦是持續的，不是消除的，幻想以自殺來解除痛苦實在是愚癡無智的行為。

　　要如何斷除痛苦的因呢？一個有智慧的人他會詳實地觀察：「造成痛苦的因緣是什麼？又由什麼樣的外緣而產生現在痛苦的情境？」當他如此觀察、了知之後，雖然對眼前的痛苦沒有辦法當下便化解、消除，但是在未來面對同樣的情境時，他將會知道如何斷除掉這些痛苦的因，而不再面臨同樣的痛苦，這就是修行的方法。同時當自己面對痛苦、困難，並經由智慧觀察而了解產生痛苦的因果之後，就能有智慧看到其他有情眾生也正在承受著同樣的痛苦，因此自己便會以現有的能力、慈悲心及經驗去幫助受苦的眾生從苦海中脫離。在這樣的過程中，一方面既能增長自己的智慧，同時也能夠長養慈悲心。

三、延長壽命的觀修法

一、每天做一百次將氣注入中脈的觀修法。至於觀想的方式，縱使不知道詳細的修持方法，只要心裡起這樣的意念，觀想將氣注入中脈就可以了。

二、每天練習持寶瓶氣的修持。（這與第一種是兩種不同的方法。）

三、觀修攝取地、水、火、風四大之精要進入自身，也可以延長壽命。

四、修長壽法以祈求長壽。

五、修護法來淨除壽命上的障礙。

當人面臨死亡，四大將慢慢分離時，身心便會顯現出劇烈的痛苦，例如身體承受著各式各樣的病苦，心靈則面臨身心分離的痛苦。此時臨死之人面對著死亡的情境，口中卻無法發出任何聲音，甚至恐懼著將面臨中陰的情境卻無力抵抗，這時他心裡會產生各種憂慮和恐懼。由於仍貪戀世間，憂惱自己所擁有的財富與眷屬，因此心裡也會依依不捨；有時候則會懊悔此生所做的種種惡業。而人在將死亡時，親戚、眷屬、朋友們會忙著為自己準備後事，譬如要將屍體火化或是埋葬……等等，這些在亡者的心中都是心裡有數。甚至有時在這段期間，各種中陰恐怖的景象會開始展現，亡者內心便會陷入在非常恐懼的狀態中。

第四節

死亡現象的消融次第

　　接下來講死亡現象出現時，它的各種消融次第：首先是外在的五大融入內在的五大中，也就是說外在的粗相會融入微細的境相中。同樣地，內在微細的五大也會次第地消融，愈來愈微細，最後融入本自清淨的法身中。

　　當觀察到死亡徵兆顯現後，可以用延壽法來對治，以延長壽命。但是，如果已使用了各種延壽法門都無法延長壽命時，就表示此人即將要面臨死亡了，這時各種的消融現象會一一現前，分述如下：

一、五蘊的消融次第

　　色、受、想、行、識五蘊之消融次第如下：

　　一、色：首先是外在的色身融入內在的色身，也就是外在的境相完全地阻絕，見不到外相。

　　二、受：這時候對外境的苦樂感受會先中斷，也就是對境相無法感受到苦樂。

三、想：「想」消失的時候，各種的意念與想法完全中斷，不會再起念頭。

四、行：接著「行」中斷，無法再去做世間的任何事情。

五、識：等到「識」也消融的時候，對外境再也不起認知的作用。

二、五根的消融次第

接著是五根消失之次第：

一、眼根：眼根消失時，因為沒有眼根對外在的色境，所以產生不了識的作用，於是對外境不再有所見，因此沒有辦法認識外境。

二、耳根：耳根消融的時候，對外在的聲音即完全喪失聽力。

三、鼻根：接著鼻根消失。因為鼻根消失，便無法分辨外在的氣味。

四、舌根：舌根消失時，對味道也失去感受的能力。

五、身根：身根消失時，對身體所依的觸也失去了感受的作用。

三、五識的消融次第

同樣地，眼識消失時，雖然眼對境卻視而不見。耳識消失時，雖然外境有各種的聲響，但是無法聽見及分別。同理可證，鼻、舌、身等識消失的時候，對於外在的氣味、舌頭品嚐的功能、身體對粗糙或是柔軟的觸摸感受都已失去了作用。

四、五大的消融次第

我們這個由地、水、火、風、空五大積聚而成的色身，此時將開始進入五大消融的階段：

（一）外的消融次第

一、地大：首先是地分融入地大。身體裡屬於地大的
　　　　　部份融入地大時會產生一種現象──身體
　　　　　非常虛弱，沒有辦法站起來、坐起來，手
　　　　　腳也失去力量，感覺像身體沈入大地裡，
　　　　　這時候，許多臨死之人會跟身邊的人說：
　　　　　「你幫我撐起來。」

二、水大：接著是水大消融。水大消融的時候，臨
　　　　　死之人的口水、鼻涕沒辦法自我控制，不
　　　　　斷地流出來，身體感覺非常寒冷，甚至會

跟身邊的人說：「我感到非常寒冷。」

三、火大：火大消融時，吃下去的食物無法消化，體溫不斷喪失，臨死之人會感到口乾舌燥，全身乾枯。

四、風大：風大消融的時候，氣息會愈來愈慢、愈來愈長，出入息非常困難，既喘又緩慢。其手腳四肢沒有辦法移動，眼睛會往上飄。風大消融中，身體裡的五種氣在消逝時還有更微細的現象：

（一）上行氣：上行氣消失時，整個身體會僵硬。

（二）下行氣：下行氣消失的時候，排泄功能會喪失，屎、尿皆無法自禁。

（三）持命氣：持命氣消失的時候，氣息出入會有要中斷的現象。

（四）平住氣：平住氣消失的時候，消化功能會喪失，吃也吃不下，喝也喝不下。

（五）遍行氣：遍行氣消失的時候，手腳就像木頭或石頭一樣僵直，不再有感覺。

當上述身體四肢裡的五種氣消失時，五根的功能也會跟著喪失。

（二）內的消融次第

內的消融次第，是指我們身體裡地、水、火、風四大的微細氣進入中脈時所產生的現象：

一、地大：首先地大微細的氣在身體中開始消失、進入中脈的時候，會產生眼前變成迷迷茫茫的一片、看不清楚的景象。

二、水大：當水大微細的氣進入中脈時，會看到如同陽焰的景象。（夏天時，會看到遠方的路上彷彿有水氣在飄動，此則為陽焰。）

三、火大：火大微細的氣進入中脈時，會顯現像螢火蟲般一連串的光，好比拿著香或火轉動時所形成的火圈。

四、風大：風大的氣進入中脈時，會感受到如同燈火般的光明。

以上是關於五蘊的收攝以及四大之粗氣與微細氣息的收攝情況。

如果對五大消融的過程能夠清楚了知的話，那麼當臨終出現這些現象時，便可知道自己已瀕臨死亡，即可藉著修持頗瓦法或由對心性的了知而如實地安住在心性上。

五大消融到最後會有心性顯現的時刻，如果我們確實

了知這個過程，就可以預先做好準備，以便於最後心性展現時得到「法身的解脫」。

（三）微細的消融次第

在臨終中陰的時候，五大消融的次第有外、內以及微細三種，前面已經說明了外在粗相四大的消融次第以及內在的四大消融，現在進行第三個部份——四種微細空相的顯現次第，這是內在的識消融時所顯現的微細現象。

1.第一種微細空相——明相顯現即大圓鏡智

此時八識會先消融到本具的智慧——心性本身中，而第一個過程即是「明相」的顯現。

首先，眼、耳、鼻、舌、身等五識會收攝融入意識中，分別、妄想與意念會一個接一個地消失，識的作用便融入內在微細的識，此時內心會顯現出非常寧靜、清楚、光明的境界，稱為「明相」，亦即是本具的五種智慧中之「大圓鏡智」的本質展現，藏語稱為「囊瓦耶謝」，亦即光明的智慧。

由於大圓鏡智展現的緣故，光明智慧能斷除我們三十三種瞋的煩惱與對外境的執著。一般來說，眾生有「能、所」二執，我們對外境的「所執」能夠斷除，便可展現出空的光明。這時候由於身體內地、水、火、風等氣

注入中脈的緣故，五色的光芒便伴隨著產生。

2.第二種微細空相──增相顯現即妙觀察智

凡夫的身體是由父精母血和合而成的，來自父親的白分以及來自母親的紅分在身體中的狀況是：白分（白明點）存在於頭頂，安住在頂輪；而紅分（紅明點）在臍下，安住在臍輪。明相顯現之後，中脈頂端來自於父親的白分（白明點）開始下降到心輪的位置，因而產生一種白色的境相──外境白茫茫的，如同潔淨的月光一般。

這種白明點往下降的過程稱為「白道」。在這個階段，因為第六意識融入第八識阿賴耶識中的緣故，所有的外相完全消失並融入微細的境相中，心會產生一種比先前「明相」更加光明、清楚的境相，所以稱為「增相」，藏音稱為「切巴」，增相即是自心本具之「妙觀察智」的展現。妙觀察智的展現可以斷除四十種貪的煩惱，所展現的智慧稱為「沙為耶謝」。「沙為」就是明，指清楚明晰的智慧。此時心安住於空性的境界，稱為「千波東巴」，也就是「大空」的境界。

3.第三種微細空相──得相顯現即法界體性智

增相現起之後，接著進入「得相」，其現象是來自於母親的紅明點上升到心間的位置，這個過程稱為「紅

道」。此時亡者會感受到一切的外境都是如日光般的紅色。在此過程中，第七識末那識會融入第八識阿賴耶識中，並且顯現出毫無執著的智慧。

在整個消融的過程中，粗分的煩惱慢慢消失，內心本具的智慧光明會愈來愈微細地展現。在得相的過程中，心本具之樂明無執的智慧會顯現，因而斬斷非常微細的能、所二執，並斷除七種愚癡的煩惱，於是進入「極空」的境界，產生離一切戲論的智慧，這也就是「法界體性智」的顯現，又稱為「突給耶謝」，因為是在得相時現起的，所以稱為「得的智慧」。

4.第四種微細空相──子光明與母光明的交融

在得相之後，白明點從額頭下降到心間，紅明點自臍下上升到心間，紅、白明點在心間交融。融合時，外境顯現成深藍色，如同遠望的大海，並不完全是黑色的，而是深沉的藍色。同時亡者的內心覺受到「成所作智」與「法界體性智」的智慧力量展現出來，心即自然地安住在毫無分別的三摩地境界中。

這時候已完全捨離微細的自、他二元的執著，而安住於本具的法界體性智中。此時第八識消融到心本具的體性裡。由於阿賴耶識消失、融入於心性，心性本具的智慧光明便如實展現。

　　如果我們平常曾聽聞過《中陰教法》，本身對空性也有證悟的經驗，那麼死亡的時候，當心性本具的光明（母光明）展現時，再配合平時修行中對於空性及心性的體會，便能如實認識母光明而融入其中，立即得到解脫，這就稱為「法身解脫」。

　　如果在這個過程中不能認識心性本具的智慧光明，則會陷入昏迷而且沒有任何覺知的狀態。如果當下能夠了知心性本具的智慧光明，便能立即安住在禪定中，就像許多成就者死亡時安住在「圖當」的境界，也許三天，也許更多天。如果沒辦法了知，就會陷入昏迷而沒有任何覺知及分別的意念。

　　以上是臨終中陰的展現過程。

臨終中陰的修持法

在臨終中陰的時候，要依止什麼修持法門來得到解脫呢？第一、依止「頗瓦法」修持。第二、在平常修行時便對光明有所體會；臨終時在消融過程中的智慧——母光明現起時能有所認知而安住、融入其中，如此即可得到解脫。

一、了知死亡過程與徵兆

臨終中陰時最重要的修行法就是「頗瓦」的修持，以及在母光明展現時當下能如實了知，這也是為什麼我們一開始先要講死亡的徵兆，以及死亡的展現過程的原因，因為藉著觀察這些徵兆，便能了解到自己將要死亡，因此可以好好做準備，以便深入了解死亡時之本具光明的顯現次第及過程，從而於死亡時得到法身解脫。此時最好的解脫方式是如實地認知自心本具的母光明而得到法身的解

脫！如果無法得到法身解脫，面臨死亡時，也可以藉著觀修頗瓦法來祈求往生阿彌陀佛的極樂淨土！由此可知，了知死亡過程及死亡徵兆是多麼重要了！

二、藉佛法正見以消除對死亡的恐懼

我們臨終時會面臨病痛及死亡的恐懼，唯有藉著此生（生處中陰）對佛法的修行——例如對空性的體悟、增長慈悲心與菩提心，以及止觀、生起次第與圓滿次第……等等的修行要領，使內心如實地安住於空性中，才能夠幫助我們平息內心的恐懼和痛苦。同時透過修行的功德，能讓我們將死亡時的各種現象轉為修行上的運用，甚至究竟地從輪迴中得到解脫。

當我們面臨死亡時，身心承受著各種痛苦，內心感到無比的恐懼，如果又不知藉著修行的方法而立即得到解脫，很快地必然會進入下一個法性中陰的階段。因此面臨死亡時，可以藉著對無常的體會而了知輪迴中所有的外境、眾生……等等，沒有一樣不是無常的。一切眾生終究要面臨死亡，自己也是一樣，要藉著如此的認知來消除對死亡的恐懼。

三、放下內心的執著

我們一定要知道：此時最重要的是捨棄內心的執著，不管是外在的財富或是自己的親戚、眷屬與名聲、權勢……等等，捨棄這些障礙是讓我們能從輪迴中解脫的根本原因。

從無始劫以來，眾生在輪迴中不斷地流轉、受苦，其根源都是由於強烈的執著，因此無法從輪迴的痛苦中出離。若明瞭這個道理，就要從根本上來斷除自我的執著，這是最重要的！在死亡的過程中，如果心裡仍然貪著自己所擁有的財富、親戚、眷屬的話，非但不會有任何的幫助，反而只會把心深深地繫入輪迴的流轉，讓眾生無法從輪迴中得到解脫。因此大家要深刻地了解：強烈的執著在死亡的當下沒有任何的意義，大家必須將世間一切的執著、貪戀全部放下，因為執著、貪戀是阻礙解脫的最大障礙。

四、發願及迴向

當真正面臨死亡的時候，我們應該放下所有的財富、名聲、權勢、眷屬等等自己所擁有的一切，了解這一切都是無常的，沒有一樣能夠真實擁有。這時候我們應該發願：「願將外在的財富及自己的親戚、眷屬等等皆供養

給上師、三寶，祈願藉此來解脫輪迴的痛苦；並願以此供養及布施的功德，也令所有深陷於六道輪迴中的有情眾生皆能獲得解脫。」

此時我們的內心要對於自己所做的一切善業，及眾生修行所累積的功德生起隨喜的意念，再進一步迴向功德，願一切有情眾生自輪迴中得到解脫。臨終時，要藉著這樣的修行與發願，使心中生起堅定的信念，並將心安住在頗瓦法的要訣中來如實修持。

五、觀修頗瓦法

簡單地說，頗瓦法最重要的觀修要訣是：

一、在死亡時，一心觀想西方極樂淨土及阿彌陀佛，再將心安住在阿彌陀佛的法相上。

二、接著觀想自己的心間有白色的明點，內心非常虔誠地向上師、三寶、阿彌陀佛及淨土聖眾祈請。

三、虔誠祈請後，觀想神識由自己的身體中遷移進入阿彌陀佛的心中，並藉此得到往生極樂淨土的成就。

六、認知並融入母光明

面對臨終中陰時，最重要的部份是內在五大的消融次第，以及本具心性智慧光明顯現的過程。如果我們在其展現時能認知本具的心性光明（母光明），當下便能融入光明而得到法身解脫。

假如母光明展現的時候，因為缺乏修行，又不了解要訣，也不能體認智慧光明，那麼也許會有三天的時間陷入昏迷中，之後便進入法性中陰的階段。

第六節
此教法的殊勝處

　　諸多中陰的教授中，這個法本（南開吉美取藏的《斬斷業及煩惱之流》）開示得最深奧，其他的法本是沒有像這裡這麼深奧且廣泛地教授的，不過它們都有開示了某些部分，例如在經典中有開示了「六隨念」的修持法：「隨念佛、隨念法、隨念僧、隨念施捨、隨念持戒、隨念特別本尊」；也有開示臨終時向阿彌陀佛祈請，心識緣於極樂世界而往生淨土的觀修念誦法，這是一般共通上佛所開示的教授。但是在一般的教授中沒有像這裡如此廣泛地介紹——在中陰時，內在五大等如何消融的次第，各種微細心識如何消融的過程，如何產生種種智慧光明的現象，以及如何依著光明的顯現而解脫……等等。

第七節

本章問答

一、一個有修行的人死亡時，其臨終的境相和一般人相同
　　嗎？還是說他可以來去自如？

答：臨終的境相一般來講是相同的，這是四大消融展現的
　　現象，但是對一個有修行的人來講，當他面對這些境
　　相時，內心是非常自在、沒有恐懼的。有些人在面臨
　　這些情境時，心仍安住在慈悲、空性的智慧中。

二、淨土宗講「自知時至」，就是什麼時候走他自己會知
　　道，這和剛剛仁波切講到的死亡的徵兆是否相同？

答：「自知時至」有很多種情況，有些是因為觀察到死亡
　　的徵兆，有些是因為修持一個法門，有了一些神通
　　的現象或是有阿彌陀佛接引往生淨土的徵兆，因此不
　　單單只有這個途徑。就好像之前和大家講過噶瑪策滇
　　這位成就者，他在臨終前幾天就不斷地跟弟子講：
　　「有護法、空行、勇父來接引我往生了。」所以他自

己在臨終前就已經知道。

三、人的死亡過程和動物一樣嗎？例如：人和狗一樣
　　嗎？我們可以幫狗做頗瓦法嗎？

答：關於人跟狗死亡的徵兆是否完全一樣，我沒有辦法
　　很確定地回答你這個問題。至於為動物做頗瓦是可
　　以的，畜生聽聞佛法而得到解脫開悟的情形也是有
　　的。以前法王如意寶養了一隻小老鼠，那隻小老鼠
　　在法王說法的時候都待在身邊，當小老鼠死亡的時
　　候，即是以「圖當」的方式死掉的。（「圖當」是成
　　就者死後安住於定境中的狀態）十六世大寶法王有個
　　花園，裡面養了一些鳥，這些鳥臨終後也有站著死亡
　　的。所以對於畜生，你指引牠一些修行的見地，牠也
　　是有能力了知的。

四、台灣有一位慈航法師，他圓寂時肉身不壞，請問那是
　　修什麼法門？又代表他有什麼成就呢？

答：這個情況很難說，因為有好幾種狀況。像「圖當」的
　　情況，成就者的神識還沒有離開色身，因此在「圖
　　當」的狀態時，色身是不會毀壞的，這是一種。另外
　　一種，修行時安住於甚深禪定中，心無妄念地安住在
　　三摩地中，色身也同樣不會毀壞。至於慈航法師是不

是這種情況，我也不很清楚。就像佛陀時代的一些阿羅漢於佛滅度後安住在禪定中，經過了好幾千年，色身也不會毀壞。

在印度和西藏交界處，有一處名叫「昆努」的地方，山上有個岩洞，裡面就有位阿羅漢正處在禪定中。我沒有親自去看，但是很多人都見到了！這位阿羅漢在定中，頭髮還繼續的長，每一年都會一直長出新的頭髮，其色身也是不壞的。

五、意生身什麼時候會生起？

答：中陰裡的意生身在臨命終這段時間還沒有現起，一直到死亡後法性顯現，進入法性中陰的時候才開始有意生身，並且一直持續到投胎中陰。一般來講，人死亡以後的三天左右會陷入毫無知覺的情境中，但是時間的長短並不是固定的，不一定每個人都是三天。對有修行的人來講，在臨終中陰顯現時，能如實認知法性的現起而安住在「圖當」的境界中好幾天的也有。對一個沒有修行的人而言，可能一死亡他馬上就陷入黑暗昏迷的情況，一、兩天就進入法性中陰，這也是有的，所以時間並不是固定的。

The Tibetan Book of Living and Dying

西藏生死導引書 上

六、人死之後，什麼時候可以來托夢？是不是有意生身才
　　能來托夢？

答：這是不一定的。亡者死掉以後的初期，神識還會常常
　　回到他居住的地方來探視他的親戚與眷屬，這時候
　　也許會有這些現象。進入比較中、後期，例如投胎中
　　陰時，由於業力的驅使與牽引，慢慢地使他愈來愈不
　　得自主，無法再回到生前的地方，而與親友愈離愈
　　遠。或者有些人在法性中陰的時候便得到解脫，已經
　　往生淨土……等等，其中有很大的差別。甚至有些人
　　因為對生前的家人或某種物品特別執著的緣故，有時
　　死了好幾年，神識還常常回到生前的地方，這也是有
　　的。所謂中陰四十九天，並不是固定四十九天後就在
　　六道中受生，四十九天只是大致如此，有些特殊情況
　　就不一定了。

七、有些死亡很久的人或畜生常常會托夢來求我，我應該
　　如何處理比較好？

答：這種現象也是非常多的，因為他受到各種的障礙，沒
　　有辦法脫離那個情境去投胎轉世，因此會托夢給自己
　　的親人或是比較好的朋友。在這種情況之下，要盡我
　　們的能力多做一些善業，並將功德迴向給他，或是為
　　他做超度……等等的修法。

八、問題是我迴向給他們以後，反而帶來很多困擾。譬如
　　說有個十六歲就被水淹死的女孩子，她希望我替她誦
　　經超度。我為她誦經以後，這隻腳有半年的時間連蹲
　　都不能蹲。後來她走了以後，其他想得到好處的眾生
　　又來了，一個又一個，使我的腳病情愈來愈嚴重。

答：事實上有時在修行中是會有這些障礙的，因為這些外
　　在的鬼魅會顯現成不同眾生的身形來障礙你，這種情
　　況是有的。

九、這時候我該怎麼辦呢？

答：在這種情況下，你的內心仍然要生起慈悲心，多為他
　　們修法迴向，多向三寶祈請，這便是對治的方法。

十、什麼是「圖當」？

答：一位已經死亡、身心已經分離的修行者，在母光明顯
　　現的時候認知這光明，然後安住在這上面，這就稱為
　　「圖當」。

　　母光明指的是自心實相的如實顯現。現在我們心的實
　　相被妄念所遮蔽著，臨命終時妄念會次第地消融，
　　心識也會一一地消融，最後妄念與心識都融入心的實
　　相中，這時母光明就會顯現。就像是被烏雲遮蔽住的

太陽，當烏雲消散時太陽就會如實地顯露出來般，我們的母光明現在被煩惱妄念所遮蔽，臨終時煩惱妄念消失，漸漸地消融至最極微細的心識消融過程結束時，心的實相就會顯現，這就是母光明。認知此母光明而在這上面安住就叫做「圖當」。這時身的消融次第已經結束，是由心識在這光明上安住的。這種微細心識消融的過程是一定有的，我們還沒死亡以前有著五大、五根等蘊身，未來死亡的時候那些都會漸次地消融，而識也會像那樣消融。在我們這一生的壽命終止時，蘊身、五大以及識等都會消失。

我在印度的時候，認識一位來自東藏康巴的人，他曾經描述以前他在西藏時自己的親身經驗：在他的故鄉有位修行很好的上師，死亡後安住在「圖當」中，身體直直地坐著，眼睛與臉色等都像活著般，身體也是溫的，他自己親眼看到，覺得那位上師還活著，根本沒能察覺出他已經死亡，好像沒有在「圖當」中、尚未圓寂一般，但是那時已經是那位上師死亡後的第三天了。

那個時候當地政府知道了這件事，說：「你們得馬上把屍體處理掉！你們這是故弄玄虛，欺騙大眾！」講了這樣的話，並馬上下令要他們處理屍體。有些人

就說：「絕對不能那樣做！我們的上師現在在『圖當』的狀態中安住，不可以處理屍體。」他們根本不願意將屍體處理掉，但是政府這邊下令說不論如何一定要將屍體處理掉。

這時，上師的一位家屬膽子很小，他說：「政府如此下令，不把屍體處理掉不行啊！」於是他們在第五天的時候，將那位上師的遺體帶到山上，將屍體剁開餵鳥。當剁開屍體時，屍體中的熱氣像煙般地散出來，身上的血都沒有冷掉，還是溫的。他們說：「剖開心臟的時候，他的心臟還在跳動呢！」很可怕吧！很稀奇吧！事實上他已經死了，但是因為他在「圖當」中，他的心仍然留在身體上，所以體溫等身體的力量、作用仍未消失。在「圖當」的境界中，即使是處於炎熱的夏天，經過了很多日子，屍體也不會腐爛、生惡臭；而即使是在很冷的冬天，屍體也不會凍僵、龜裂。

十一、他在這種「圖當」的境界中身體被剁開，這會不會影響到他？那位修行者是不是還能夠安住在禪定中？

答：這樣做是很不好的。在進入「圖當」之後，亡者身邊

的人不可以在旁邊閒言閒語，不要發出任何的噪音或是做任何的修法念誦，是有這樣的說法。他在「圖當」中的時候，他是在禪定中安住著，如果別人那樣做是在障礙他的禪定，對他可能產生負面影響。

十二、那位修行者是不是能夠繼續在禪定中安住？

答：可能有從定中起來吧！他沒有自然地從「圖當」中出定時，別人就從中阻礙他，所以也可能因此而出定。就如同在禪定境界裡，如果突然被人推一下，會稍微從禪定而起。像那樣稍微地出定是有可能的，不過有沒有強烈地出定這就不知道了，應該有可能吧。

第三章

法性中陰

亡者在臨終中陰之後會進入法性中陰。法性中陰的過程中會顯現出什麼呢？最主要是有文武百尊的顯現——文武百尊的身形伴隨著藍、白、黃、紅、綠等五色光芒、各種大大小小的光點與巨大的聲響顯現出來。

第一節

法性中陰的顯現時間

法性中陰是在什麼時候顯現的呢？臨終中陰階段中，臨終的消融次第全部結束時母光明會現前。一般對有修行的人而言，母光明大約會顯現三天，這時能認知母光明的話，則能使所顯現的母光明與我們修行所得的光明——子光明二者互相融合而安住在實相上。如果我們對中陰與心的修持沒有觀修得很好的話，大約會有三天陷入昏迷的狀態中，然後就會進入法性中陰。

但是這段時間也不一定就是三天。以前我住在拉薩哲蚌寺時，有一位格西往生時安住在「圖當」裡達十五天之久，這樣的情形也是有的。

就如同「圖當」的時間長短，對修持解脫的瑜伽行者來講是不一定的那樣，對一般的凡夫而言，這段時間也是沒有一定的。

以前在西藏，有個人叫席拉蔣措，他記得前後世。因為這個緣故，他回憶說：「那時我死亡了，死亡後立刻變得知覺不明晰，眼前呈現一片黑暗，這樣地經過了一小段時間，然後我又馬上恢復知覺，神識變得很清楚，人也變得很輕，沒什麼重量。這時我騎著一頭紅色的牛，我要去投胎的那個家庭的景象顯現了出來，於是我進入我要去投胎的那個有院落的房屋裏，一進去之後，我就像從睡夢中醒來般清醒過來，這時我已經進到了母親的子宮裏……」類似這樣的真實故事很多。因此一般眾生死亡後昏迷三天的情形其實是不一定的。

一般而言，法性中陰階段是從死亡的第三天（或三天半）之後開始算起。這時寂靜與忿怒本尊會依序於法性中陰階段的第一天、第二天、第三天……等期間陸續地出現。不論是死亡以後待了三天也好；待了一小時也好；安住在「圖當」中也好；或是陷入昏迷的狀態裏也好，在這之後會有寂靜與忿怒本尊的顯現。一般是在亡者死亡三天之後開始算寂靜與忿怒本尊顯現的首日，我們死亡後最

初的三天是不算在內的。這樣算的原因是什麼呢？因為在最初三天的期間，亡者的識還在身體中住著，不論他是解脫也好，投生六道也好，都是如此，一般上大致都是三天。三天之後亡者的身心開始分離，才是法性中陰的時期，這時寂靜本尊、忿怒本尊、聲音、光芒和光點……等才會陸續地顯現。

法性中陰的顯現內容

所謂法性中陰是怎樣的情況呢？

又為什麼會有法性中陰的顯現呢？

在我們現有的平凡身心中，本具的智慧身以及智慧心仍然是具足的；然而在死亡時的身心分離過程中，本具的智慧心會離開身體並展現於外境，因而顯現出法性本具的本尊身相、聲音、光芒與光點等。

在法性中陰顯現的當下，如果能如實了知所顯現的這些本尊身相、巨大聲響、強烈光芒……等等，都是本具智慧力量的展現，那麼就能在法性中陰的階段得到報身的解脫。如果無法認知的話，反而會對所有顯現的光芒與聲音產生恐懼，急著想要從那些情境中逃脫，那麼就會再一次陷入生死輪迴中流轉。

一、法界的展現

　　進入法性中陰時，首先會顯現出法性本具的情境，這稱爲「法界」。

　　法界展現的時候，是一種非常清澈、具有明亮光芒的情境，就好像在春天時看著原野，每一個外境都非常清晰而明亮，同時伴隨著巨大的聲音。

　　面對這樣的情境，最重要的是自己必須具有如實的了知──「所有的境相都是自心的顯現，都是自心法性展現的境相。」當我們面對這些境相時，不要有任何的恐懼，這是最重要的一點！當外境充滿了光芒、聲音與各種光點之後，隨即次第顯現出文武百尊的形象。

二、法性中陰期：
前十四天的文武百尊顯現過程

第一天：毗盧遮那佛的藍光與天道的白光

毗盧遮那佛佛父佛母

亡者昏迷三天半後醒來，進入法性中陰期的第一天，此時顯現出整個藍色的虛空，從其中央明點遍布淨土現出全身白色、坐於獅子寶座上、手持八輻輪的「毗盧遮那佛」，其與佛母「英秋瑪」（虛空佛母）雙運，放射出強大的藍色光芒。此時亡者會感受到毗盧遮那佛的顯現，以及代表「法界體性智」之識蘊清淨的藍色光芒，強大晶亮而無法用眼睛直視，由毗盧遮那佛佛父、佛母心中放射出，照到亡者的面前。

然而此時也會呈現出天道柔和的白色光芒。
造惡業、不了解《中陰教法》、修行功夫不夠的人

會對藍色的強光產生恐懼，轉而躲入柔和的白光中。柔和的白色光芒代表天道的生處，因此進入白光中就會投生天道。所以當第一天毗盧遮那佛顯現的時候，亡者的內心要生起一種堅定的意念——毗盧遮那佛所放射的藍色光明是為了要接引我們往生淨土，所以才有這樣的顯現。

藍色的光芒代表毗盧遮那佛的光芒，也是我們本具法界體性智的光芒！所有的現象都是本具智慧顯現於外的現象，所以此時要安住在虔誠的祈請中：「**由於強烈的愚痴，使我在輪迴中遊蕩，祈請毗盧遮那佛慈悲加持，引領我往生毗盧遮那佛之莊嚴淨土——法界中央密嚴淨土，以報身的形式成佛。**」如果我們的內心能夠生起堅定祈請的意念，遠離無謂的恐懼與害怕，就能往生報身佛淨土。反之，如果沒有正確的認知而心生恐懼，轉而趨入柔和白光的話，就會投生六道中的天道。雖然天道眾生也能享受各種喜樂和福報，但是這些福報都是無常的，當福報享盡的時候，仍有五衰相現前的各種痛苦，仍然沒有得到真正的自主與解脫。所以此時如果無法正確了知，不能毫無恐懼地安住於藍光中，卻轉而趨入白光裡，就會墮生到天道。

第二天：金剛薩埵的白光與地獄道的煙黑色光

由於瞋煩惱以及惡業遮蔽的緣故，在第一天的境相顯現時，亡者既未得到解脫，也沒有趨入天道的白光，那麼到了第二天，便有金剛薩埵本尊眾與地獄光芒之顯現。

金剛薩埵佛父佛母

此時水大清淨之白光會顯現，並由東方藍色妙喜淨土顯現出手持五股金剛杵的不動如來之報身——藍色的「金剛薩埵」，安坐在大象所抬的寶座上，其上有蓮花月輪，金剛薩埵與「佛眼佛母」雙運，安坐在蓮花月輪上，其身體是藍色的，並放射出強大的白色光芒。

除了金剛薩埵佛父、佛母雙運尊之外，左右兩邊另有「地藏菩薩」及「彌勒菩薩」，另外還有「金剛嬉」與「金剛華」兩位女菩薩，總共有六位本尊。代表「大圓鏡智」之色蘊清淨的白色光芒，強大晶亮而無法用眼睛直視，由金剛薩埵佛父、佛母心中放射出，照到亡者面

前，並伴隨著巨大的聲響。

但同時由於瞋心惡業所形成的地獄道煙黑色的昏暗光芒也會跟著顯現。

此時由於瞋心強烈的緣故，亡者會畏懼白色的光芒，轉而趨向煙黑色的光芒。這個時候亡者要認知所顯現的金剛薩埵本尊之白色光芒是自心本具的智慧所展現的，是金剛薩埵本尊正在放光來接引我們往生淨土，因此當下應安住在毫無恐懼的情境中，並祈求金剛薩埵本尊的慈悲接引，這樣就能夠往生金剛薩埵莊嚴的東方妙喜淨土。

此時如果不能如實認知而產生恐懼，反而喜歡地獄道煙黑色的昏暗光芒，就會墮生到地獄。如果墮生地獄道，將會長時間遭受寒地獄、熱地獄之各種難以忍受的痛苦，因此要遮止內心的恐懼，避免自己墮入煙黑色的地獄道昏暗光芒中，以便能夠在金剛薩埵白色的光明中求得解脫。

第三天：寶生佛的黃光與人道的藍光

有一些我慢與惡業遮障深重的人，因畏懼本尊大悲之光而沒能解脫，於是會見到第三天寶生佛本尊眾與人道之光顯現的景象。

寶生佛佛父佛母

此時地大清淨的黃光顯現，並由南方黃色具一切威德淨土（南方眾寶莊嚴淨土）現出坐於馬王寶座上、手持摩尼寶的「寶生佛」，與佛母「瑪瑪基」雙運。兩旁則有「虛空藏菩薩」及「普賢菩薩」，同時還有兩位女菩薩——「持花鬘」（金剛鬘）及「持香」（金剛燒香）菩薩，四周圍還伴隨著寶生佛的眷屬。代表「平等性智」之色蘊清淨的黃色光芒，強大晶亮而無法用眼睛直視，光中點綴著明點與明塵，由寶生佛佛父、佛母的心中放射出，直接照射亡者的心，並伴隨著巨大的聲響。

此時尚有代表人道的柔和藍色光芒會同時照到亡者的

心中。

　　對於一般眾生而言，由於我慢的緣故，自然地會對人道的柔和藍光產生歡喜，而對強大的黃光產生逃避的心理。此時你要遮止內心的恐懼，為什麼呢？因為如果喜好柔和光芒而趨入人道的話，將會面臨生、老、病、死等痛苦及煩惱，再次於輪迴中流轉。因此我們必須了解強烈光芒是自心本具智慧的展現，使內心毫無造作地安住在光芒中，並虔誠地祈求寶生佛慈悲接引，使自己往生淨土。如果內心能安住於祈請的話，就能往生寶生佛的莊嚴報身淨土。

第四天：阿彌陀佛的紅光與餓鬼道的黃光

如果第三天仍然沒有得到解脫，則會進入第四天的境相——西方「阿彌陀佛」以及由於貪心、慳吝而成的餓鬼道光芒同時顯現。

阿彌陀佛佛父佛母

第四天火大清淨之紅光會顯現。此時從西方極樂世界淨土現出全身紅色、手持蓮花、坐於孔雀寶座上之「阿彌陀佛」，其與「白衣佛母」雙運。阿彌陀佛的兩旁分別是右邊的「觀世音菩薩」與左邊的「文殊菩薩」，還有「持琴」（金剛歌）及「持燈」（金剛燈）兩位女眾菩薩，總共有六位本尊，四周並且圍繞著蓮花部的一切眷屬聖眾。代表「妙觀察智」之想蘊清淨的紅色光芒，強大晶亮而無法用眼睛直視，光中點綴著明點與明塵，由阿彌陀佛佛父、佛母的心中放射出，向著亡者的心直接照射過來，也同樣發出巨大的聲響。

　　在強大紅光照射的同時，來自於餓鬼道的黃色柔和光芒也會顯現。

　　由於貪心強烈的緣故，亡者看到黃色的光自然會心生歡喜而趨入其中，於是便墮生於餓鬼道中，遭受長期的飢渴與痛苦的業報。所以在這時候我們要生起堅定的了知：阿彌陀佛佛父、佛母心中所放射的強大晶亮紅光乃代表著自心本具的妙觀察智。在這個智慧光明中，只要我們能堅定不散亂地安住，就可以得到解脫。因此在紅光與巨響的境相中，我們的內心要堅定地向阿彌陀佛淨土聖眾及蓮花部本尊祈求加持，以引領我們從恐怖的中陰境相中得到解脫。此刻若內心能遮止恐懼，以至誠的虔敬心祈請的話，自然就能夠往生西方極樂淨土。

第五天：不空成就佛的綠光與阿修羅道的紅光

如果此時仍然不得解脫，而由於嫉妒與惡業之故，就會見到第五天所顯現的「不空成就佛」本尊聖眾之大悲光明，以及由嫉妒煩惱所成的阿修羅道的光。

不空成就佛佛父佛母

到第五天會顯現風大清淨之綠色光芒。

此時由北方綠色妙行積聚淨土現出「不空成就佛」，全身綠色、手持十字金剛杵、安坐在大鵬金翅鳥所扛的蓮花月輪寶座上，與佛母「三昧耶度母」雙運。右邊是「金剛手菩薩」、左邊是「除蓋障菩薩」，前後還有「金剛塗香」與「金剛舞」兩位女菩薩，四周則有淨土中的眷屬聖眾圍繞。代表「成所作智」之行蘊清淨的綠色光芒，強大晶亮而無法用眼睛直視，光中點綴著明點與明塵，由不空成就佛佛父、佛母的心中放射出，照到亡者的心中，並且伴隨著巨大的聲響。

在此同時，還會呈現出由嫉妒心所生的阿修羅道紅色的柔和光芒。

這個時候，我們往往因為嫉妒強烈的緣故，而對綠色的強光生起很大的恐懼，對於來自阿修羅道的紅光自然心生歡喜而趨入，於是墮生阿修羅道，遭受由嫉妒心所感之各種爭鬥的痛苦業報。如前所述，此時最重要的是我們要了解，強烈的綠光是代表成所作智的光明，並如實認知綠光是自性的光芒，並且使心無所緣地安住於光中，如此當下就能契入法性的解脫。如果無法安住，至少心裡要非常虔誠地向不空成就佛祈請，祈請不空成就佛及眷屬聖眾加持我們從痛苦的輪迴中解脫，並引領我們往生不空成就佛的妙行圓滿淨土，以報身成就佛果。

第六天：五方佛部及六道的光

亡者在法性中陰的前五日的每一天都會顯現出佛的淨相，但是如果由於惡劣習氣障礙的緣故，而無法在清淨自性顯現的時候得到解脫，就會進入第六天的情景——五方佛及四智的顯現。代表地、水、火、風四大清淨的四種顏色之光以及五方佛部——中央明點遍布淨土之「毗盧遮那佛」佛父、佛母，東方妙喜淨

於法性中陰第六日顯現的五方佛部佛父佛母

土之「金剛薩埵」佛父、佛母及眷屬，南方具一切威德淨土之「寶生佛」佛父、佛母及眷屬，西方蓮花積聚極樂世界淨土之「阿彌陀佛」佛父、佛母及眷屬，與北方妙行圓滿淨土之「不空成就佛」佛父、佛母及眷屬的智慧光明及身相會同時顯現，並連同六道的光芒一起展現。

除了五方佛及眷屬外，在東、南、西、北四門尚各有守

門護法及其明妃共八位，祂們分別是：東門之「勝利明王」與手拿著鐵鈎的明妃「蔣秋瑪」（金剛鈎）、南門之黃色「大威德明王」及明妃「夏巴瑪」（金剛索）、西門之「馬頭明王」及明妃「架卓瑪」（金剛鎖鏈）與北門之「甘露明王」和明妃「旨布瑪」（金剛鈴）。

　　在四門裡面的六方還有六佛代表著「六道佛」，亦稱「六道能仁」，他們分別是：度天道的「帝釋佛」（又稱爲「無上威權佛」，並非帝釋天王）、度阿修羅道的「堅甲佛」、度人道的「釋迦獅子佛」、度畜生道的「不動獅子佛」、度餓鬼道的「焰口佛」與度地獄道的「法王佛」。而在整個莊

守護亡者的導師——六道佛
上排左起：釋迦獅子佛、帝釋佛、不動獅子佛。
下排左起：堅甲佛、法王佛、焰口佛。

嚴寂靜尊的壇城上方還有「普賢王如來」之佛父、佛母雙運。以上便是整個四十二位寂靜尊的境相。

四十二位寂靜尊在我們身體中的什麼地方呢？這有兩種說法，第一種說法是：四十二位寂靜尊各自安住在自己的莊嚴淨土中，就如同剛剛所形容的東、南、西、北等莊嚴的淨土中。

第二種說法是：從清淨的諸法實相上來看，我們現在這個色身的心間其實就安住著這些本尊智慧的身相，等到死亡的時候，安住在色身心間的智慧身離開肉體後，便顯現出上述的外在境相。依循此理，我們可以了解：法性中陰時所顯現的寂靜尊身相其實是自心所展現的，亦即這一切皆是自心智慧本尊所展露的形象。如果能如實了知此心，亡者就能契入法性而得到法身解脫。縱使沒有辦法得到解脫，從另外一個觀點來看，亡者也可以藉由了解寂靜尊是來自於各個圓滿報身佛的淨土，並且是為了接引我們到佛的報身淨土而展現，在內心虔誠地祈請，如此便可以得到報身的解脫，往生報身淨土中。

所以從法性智慧的觀點來看，五方佛就安住在自心的「中央、前、後、左、右」，或者說「東、南、西、北、中」五方。若從不清淨的輪迴境相來看，其所展現出的是不清淨的「色、受、想、行、識」五蘊的形象。因此其實不清淨的五蘊及五大之本質就是五方佛父佛母的體性，而

西藏生死導引書 上

The Tibetan Book of Living and Dying

所有的寂靜尊也都是本具智慧所顯現出來的境相。

在第六天，五方佛及其眷屬眾同時顯現的時候，其心中會各自放射出五種光芒。例如金剛薩埵所放射出的強烈白光，四周會有白色的光點，再外圍又有更小的光點，如此由無數光點所聚合而成的強烈光芒會由佛心中照射出來。亡者這時候要了解的是：由中央毗盧遮那佛（藍光）、東方金剛薩埵（白光）、南方寶生佛（黃光）、西方阿彌陀佛（紅光）等四佛心中所放射出的強大光芒分別是代表法界體性智、大圓鏡智、平等性智與妙觀察智的光明。每一種光芒都是中央有強烈的佛光，四周有菩薩眾的光芒，外圈又有更微細的光點一起照射出來。

當四佛同時放光時，北方不空成就佛（成所作智）並沒有放光（因亡者的智慧能量尚未完全成熟），這時候我們要把握一個要點：所有的光都是自心的展露，四佛代表四種本覺智慧，必須要如實了知此點。此時我們的內心若能沒有任何的恐懼，沒有任何貪著的意念，自然能斷除各種煩惱。

對於現在所開示的法性中陰之境相及其真正本質，大家如果能好好聽聞、思惟，當臨終面對中陰現前時，便能如實了知所有中陰的現象就和現在所聽聞的情境是相同的，於是當下心即能毫無恐懼地安住，並確實了知所有的境相都是自心的顯現，便能在法性中陰得到解脫。

在第六天所顯現的源自於清淨本質之光芒，即是代表佛度化我們往生淨土的智慧光芒。但是除了淨光的展現外，源自於不清淨的輪迴迷惑境相之光芒也會同時現起。

白色柔和的光代表天道，紅色柔和的光代表阿修羅道，藍色柔和的光代表人道，綠色柔和的光代表畜生道，黃色柔和的光代表餓鬼道，煙黑色昏暗的光代表地獄道。在這六道光顯現的時候，亡者一定要遮止自己墮入六道的光芒中！如果趨入六道的光中就會墮生於六道中，再也無法回頭！

因此在面臨智慧光芒顯現時，最重要的是內心要堅定地祈請並確實了知：「**不論是清淨的光芒顯現或是六道不淨光芒的顯現，都是自心的智慧所投射出來的現象。**」內心若能如實了知而安住其中，即可達到最殊勝的成佛解脫。縱使不能達到解脫，因為虔誠祈請的緣故，也能夠遮止自己投生於六道。因此在第六天的時候，我們如果能確實知曉這些道理，並且虔誠祈請能往生五方佛的報身佛淨土，以得到報身的成就，就能夠達到最殊勝的報身境界。

第七天：持明聖眾的彩光與畜生道的綠光

　　前面講到前六天寂靜本尊顯現的過程，如果亡者此時仍然不能認知本尊而得到解脫，到了第七天時，習氣清淨的彩虹光會顯現。此時從清淨空行淨土中會現出持明聖眾。在充滿彩虹與光芒的壇城中央「異熟持明無上蓮花舞自在」主尊會在五色虹光中降臨於中央。

　　蓮花舞自在主尊的身形是彩色的，與紅色的空行母雙運，手持鉞刀與盛血嘎巴拉，舞姿，眼睛凝視著虛空。在壇城東方有白色的「地居持明尊」，臉呈微笑貌，與白色空行母雙運，手持鉞刀與盛血嘎巴拉，舞姿，一樣眼睛凝視虛空。於壇城南方有黃色的「主壽持明尊」，具足隨好微妙相，與黃色空行母雙運，手持鉞刀與盛血嘎巴拉，舞姿，眼睛凝視著虛空。在壇城西方有紅色的「大手印持明尊」，同樣顯現微笑貌，與紅色空行母雙運，手持鉞刀與盛血嘎巴拉，舞姿，眼睛凝視虛空。在壇城北方有綠色的「任運成就持明尊」，臉呈半微笑貌，與綠色空行母雙運，手持鉞刀與盛血嘎巴拉，舞姿，眼睛凝視虛空。

　　在所有持明壇城的外圍尚有無數的空行母與勇父圍繞，他們分別是從八大屍林、四部、三處、二十四個不同的地域和三十二個不同國度匯集而來的空行、勇父聖眾。其手中分別持著不同的法器，有的持念珠，有的

持鼓……等等各種法器，身上則有各種骨飾的莊嚴。壇城中發出無量的聲響，有的空行眾手上搖動手鼓，有的持咒，還有各種法器的聲音充斥於整個虛空中。這個時候，由持明壇城中央的主尊心中放射出五色光芒照到我們身上，在五大持明尊發出光芒的同時，也伴隨著畜生道柔和的綠色光芒照向我們自身。

同樣地，我們在這個時候，對於來自持明尊身上的光芒要如實地認知：「**所有現象皆是自心的顯現，這是持明尊接引我們往生持明淨土的智慧光芒，而且要遮止自己投入代表畜生道的綠光中。**」由於習氣迷惑的緣故，亡者會畏懼持明尊的五色光而喜歡畜生道的柔和綠光。如果進入畜生道的綠色光芒中，將會投生到畜生道，而承受畜生道的各種愚癡、黯鈍、受人驅使、互相吞食……等等的痛苦，所以一定要遮止自己投入畜生道的綠色光芒中，轉而投入代表持明聖眾的五色光芒裡，這樣就能夠投生到持明尊的淨土。

第八天：佛部大威德布答嘿嚕迦

　　前七天是寂靜尊及持明尊的顯現，如果錯過了認知衪們的機會，接著就會進入忿怒尊顯現的階段。到了第八天，第一位忿怒本尊佛部「大威德布答嘿嚕迦」顯現，身褐色，有三頭、六臂、四隻腳。三個面分別是：右邊白色、左邊紅色、中

布答嘿嚕迦佛父佛母

央褐色。其身上發出智慧的火光，並安住在強烈的火光中。九個眼睛怒視著，口中有四個獠牙，並發出「啊拉拉！」、「哈哈！」的忿怒聲音。衪的六隻手臂中，右邊三隻手分別拿著法輪、斧頭與劍，左邊三隻手則拿著金剛鈴、犁與嘎巴拉（骷髏杯、顱器），與佛部忿怒佛母雙運。佛母之右手勾在大威德布答嘿嚕迦的頸部，左手拿著海螺，裡面盛滿了血的甘露。兩尊佛體之全身毛孔皆放射出熾熱之光焰，每道焰光中皆有一具金剛杵，並放射出強烈的紅光。兩位本尊交抱站立，腳右曲左伸，站立在大鵬

金翅鳥所支撐的法座上。

　　前七天寂靜尊顯現的時候，各寂靜尊都是非常平和、面帶微笑、和藹可親的，但是如果在那時候沒能好好認識，到了這個階段所顯現出來的都是兇猛忿怒的本尊身形，因此可能就更難認知了。

　　總而言之，布答嘿嚕迦雙運尊的本質就是毗盧遮那佛佛父、佛母雙運的顯現。這是因為眾生的內心具有強烈的瞋恨心，因此為了降伏瞋恨心之故而顯現出此身形。

　　這些智慧本尊到底安住在什麼地方呢？以淨土而言，布答嘿嚕迦是在中央的密嚴淨土中，但是以自身的清淨相來看，祂是以智慧的體性安住在我們的頭部。死亡的時候，本具的智慧體性展現於外境就成為布答嘿嚕迦的身形，因此只要我們在中陰的情境中虔誠祈請布答嘿嚕迦加持、度化自己，即能從密嚴淨土中顯現出布答嘿嚕迦的境相。所以這樣的顯現並不是說布答嘿嚕迦在我們本具的智慧心之外，而是祂與我們本具的智慧體性是無二無別的。我們的腦袋小小的，這麼大的嘿嚕迦怎麼容納得進去？事實上這是真的。在大圓滿「托嘎」的修法中，行者按照法門觀修之後，忿怒尊的身形、明點及各種形式的光便會如實顯現。

　　這裡有個真實的故事：有一位修「托嘎」法門的修行人，在上廁所的時候看見文武百尊的壇城，於是他告

訴另外一個人，那個人不相信地說：「別人的壇城都是清淨的，只有你是上廁所時看到的。」其實他確實是看到了真正的壇城。在「托嘎」的法門中是透過坐姿來調整氣與脈，就會自然顯現出本尊的壇城。虹光身成就亦是透過「托嘎」法門的修持而得，有很多修行人都曾證悟此法門。

　　蓮花生大士到西藏弘法的時候，西藏國王赤松德贊頗具驕慢心，因為他自認是堂堂的一國之尊。所以當他見到蓮花生大士的時候，雖然也想恭敬地向蓮花生大士頂禮，但是還一直存有驕慢心。當他頂禮蓮師的時候，因為靠得很近，就碰到蓮師的身體，沒想到他所碰到的蓮師身體只是虹光的身形，因此他直接劃過蓮師的身體，卻發現沒有任何的實體。事實上，虹光身成就代表血肉色身本來就存在著本具智慧的身、明點與光明，只是因為眾生煩惱深重的緣故，這種本具智慧的身、明點與光明被血肉色身束縛住，所以才無法顯現出來。透過修行，本具智慧的光明是可以顯現的，這就是為什麼證悟的修行者可以展現虹光身的原因。

第九天：金剛部邊札嘿嚕迦

到了第九天，同樣是雙運身形的金剛部「邊札嘿嚕迦」及其佛母會顯現。邊札嘿嚕迦有三面、六臂，四隻腳為右曲左伸，身體呈暗藍色。其三個面是：右邊白色、左邊紅色、中央藍色。其右手分別持金剛杵、斧頭與嘎巴拉，左手分別持金剛鈴、

邊札嘿嚕迦佛父佛母

嘎巴拉和犁，胸前則擁抱金剛部忿怒佛母雙運。佛母之右手勾在佛父的頸部，左手拿著海螺，裡面盛滿了血的甘露。同樣地，邊札嘿嚕迦佛父、佛母從亡者腦部顯現於外的時候，內心如果能夠了知其體性就是金剛薩埵佛父、佛母體性的顯現，亦即是本具智慧的顯現，而將心安住其中，就能藉著邊札嘿嚕迦的顯現而得到解脫。

第十天：寶生部惹那嘿嚕迦

　　如果亡者在第九天邊札嘿嚕迦顯現時仍然沒有得到解脫的話，就會進入第十天，這時寶生部的「惹那嘿嚕迦」雙運尊將會顯現。惹那嘿嚕迦的身體為暗黃色，有三面、六臂、四隻腳。其三個面是：右邊白色、左邊紅

惹那嘿嚕迦佛父佛母

色、中央暗黃色。右手分別持珍寶、天杖及單馱棒，左手分別持金剛鈴、嘎巴拉和三叉戟，與寶生部忿怒佛母雙運。佛母之右手勾在佛父的頸部，左手拿著海螺，裡面盛滿了血的甘露。

　　惹那嘿嚕迦看似為顯現在自己面前的虛空中，其實是從我們的腦中顯現於外境的。在這樣的忿怒尊顯現時，亡者要怎樣得到解脫呢？我們要了解惹那嘿嚕迦雙運尊的本質是寶生佛和佛母，與我們本自具足的智慧是沒有差別的，若能如實了知此點就能得到解脫。如果不能認知，反而將所顯現的忿怒本尊身形誤認為是羅剎或鬼神，內心就會產生恐懼，因而得不到解脫。

第十一天：蓮花部貝瑪嘿嚕迦

第十一天是蓮花部的
「貝瑪嘿嚕迦」雙運尊顯
現，其本質是阿彌陀佛。
祂的身體為深紅色，三
面、六臂、四隻腳。其三
面是：右邊白色、左邊藍
色、中央暗紅色。右手分
別持蓮花、天杖和椛杖，
左手持金剛鈴、盛滿鮮血
的嘎巴拉與小鼓，與蓮花

貝瑪嘿嚕迦佛父佛母

部忿怒佛母雙運。佛母右手勾在佛父的頸部，左手拿著海
螺，裡面盛滿了血的甘露。

同樣地，貝瑪嘿嚕迦佛父、佛母是由安住在我們頭
部裡的法性智慧本質所顯現的，與本具智慧是無二無別
的，也和阿彌陀佛佛父、佛母的本質是無二無別的。在貝
瑪嘿嚕迦佛父、佛母顯現的當下，假如能如實了知那就是
與阿彌陀佛佛父、佛母無二無別之體性所展現出的忿怒身
形，其本質也就是我們本具的智慧，而在當下心能夠安
住、融入，也就可以得到解脫。

第十二天：事業部嘎瑪嘿嚕迦

第十二天代表事業部的「嘎瑪嘿嚕迦」雙運尊顯現，其本質是不空成就佛。祂展現爲忿怒尊身形，呈深綠色，有三面、六臂、四隻腳。其三面是：右邊白色、左邊紅色、中央深綠色。右手持劍、天杖與棍棒，左手持金剛鈴、嘎巴拉和犁，與

嘎瑪嘿嚕迦佛父佛母

事業部忿怒佛母雙運，佛母之右手勾在佛父的頸部，左手拿著海螺，裡面盛滿了血的甘露。

同樣地，我們要了知此忿怒尊佛父、佛母的本質是不空成就佛佛父、佛母的忿怒身形，現在安住在我們的頭部，是我們清明的本性；死亡的時候因爲身心分離，本具的智慧體性顯現於外而成爲忿怒尊嘎瑪嘿嚕迦佛父、佛母的身形。亡者在當下假使能如實認知的話，就能藉著嘎瑪嘿嚕迦佛父、佛母的顯現而得到解脫；如果不能認知，則會心生恐懼，誤以爲是羅刹或大力鬼神等兇猛的魔眾。

第十三天：八位屍林女神與八位獸首食屍女神

八位屍林女神　　　　　　　　八位獸首食屍女神

　　到了第十三天，在五大嘿嚕迦的外圍會有眷屬聖眾的顯現，分別是八位屍林忿怒女神與八位獸首食屍女神。首先講八位屍林女神。亡者在東、南、西、北四方分別會見到白、黃、紅、黑色的四位女神：

一、首先是位於東方的白色屍林女神，右手拿著人屍棒，左手拿著盛滿血肉的嘎巴拉。

二、南方是黃色的屍林女神，手上拉持著弓箭。

三、西邊為紅色的屍林女神，手上拿著魔羯魚幢。

四、北邊乃黑色的屍林女神，手上拿著金剛杵與盛滿血肉的嘎巴拉。

其他四個角落的屍林女神分別是：

五、東南角落上有橘紅色的屍林女神，右手抓握人的
　　腸子，左手將之送入嘴裡。

六、西南方有深綠色的屍林女神，左手拿著盛滿血肉
　　的噶巴拉，右手持金剛杵攪拌之並送入嘴裡。

七、西北角落是淺黃色的屍林女神，撕裂屍體，右手
　　拿著心臟，左手拿著身體在吃。

八、東北方是深藍色的屍林女神，吃著撕裂後的屍
　　體。

以上是中央五忿怒嘿嚕迦外圍的八位屍林女神。

在八位屍林女神的外圍還有八位獸首女神，同樣安住
在四方和四角落，都是人身獸頭：

一、東方是褐色的獅頭女神，兩隻手交握於胸前，嘴
　　裡咬著屍體。

二、南方為紅色的虎頭女神，雙手交叉，眼睛
　　瞪視，長有獠牙。

三、西方乃黑色的狐頭女神，右手拿著匕首，左手拿
　　著腸子在吃，且喝著血。

四、北方是深藍色的狼頭女神，雙手拿著屍體放入嘴
　　裡，眼睛瞪視著。

至於四角落的女神分別是：

五、東南方有黃白色的鷲頭女神，肩上扛著屍體，手
　　上握持著骨頭。

六、西南有深紅色的禿鷹頭女神，肩上扛著屍體。

七、西北方有黑色的大烏鴉頭女神，左手拿著嘎巴
　　拉，右手拿著長劍並吃著心、肺。

八、東北方有深藍色的梟頭女神，右手持金剛杵，左
　　手持長劍並吃著肉。

第十四天：四位守門本尊與二十八位瑜伽女神

四位守門本尊

二十八位瑜伽女神

　　到了第十四天，在八位獸首女神的外圍還有四門，四門上則各有一位忿怒本尊前來放光攝受亡者：

一、在東門的是白色的馬面金剛鉤母，右手持金剛鉤，左手則持盛滿血肉的嘎巴拉。

二、在南門的是黃色的豬面母，手持繩索。

三、在西門的是紅色的獅面母，手持金剛鎖鏈。

四、在北門的是綠色的蛇面母，手持金剛鈴。

　　以上之守門四本尊的左手都拿著嘎巴拉，右手的法器則有差別。

在四門之外，還有二十八位有著各種頭形、持著各種法器，原本都是安住在我們腦中，於死時才顯現於外境的忿怒本尊。

首先在東方有六位瑜伽女神：

一、羅剎女神，褐色，犛牛頭母，手持金剛杵。

二、大梵天女神，紅黃色，蛇頭母，手持蓮花。

三、巨大女神，墨綠色，豹頭母，手持三叉戟。

四、大自在天女神，藍色，鼬頭母，手持法輪。

五、童貞女神，紅色，馬熊頭母，手持短矛。

六、帝釋女神，白色，熊頭母，手持腸索。

在南方有六位瑜伽女神：

一、金剛女神，黃色，豬頭，手持匕首。

二、平靜女神，紅色，魔羯魚頭，手持瓶。

三、甘露女神，紅色，蠍子頭，手持蓮花。

四、月亮女神，白色，隼頭，手持金剛杵。

五、持棒女神，墨綠色，狐狸頭，手持梃杖。

六、羅剎女神，棕黑色，老虎頭，手持盛血嘎巴拉。
上述每位之左手均持嘎巴拉。

在西方有六位瑜伽女神：

一、食肉女神，墨綠色，鷲頭，手持單馱棒。

二、喜悅女神，紅色，馬頭，手托屍體。

三、大力女神，白色，鵬頭，手持梃杖。

四、羅剎女神，紅色，狗頭，手持金剛鉞刀。

五、欲望女神，紅色，戴勝鳥頭，手拉持弓箭。

六、守財女神，紅綠色，鹿頭，手持瓶。

在北方有六位瑜伽女神：

一、司風女神，藍色，狼頭，手持幡旗。

二、妙鬘女神，紅色，水牛頭，手持利戈。

三、豬頭女神，黑色，豬頭，手持尖牙串索。

四、金剛女神，紅色，小烏鴉頭，手持嬰兒屍體。

五、大鼻女神，墨綠色，大象頭，手持屍體並喝著嘎
　　巴拉中的血。

六、司水女神，藍色，蛇頭，手持蛇索。

**外圍還有四個門，四個門上亦各有一位守門金剛瑜伽
女神：**

一、東邊白色金剛女神，杜鵑鳥頭，手持金剛鉤。

二、南方黃色金剛女神，山羊頭，手持繩索。

三、西方紅色金剛女神，獅子頭，手持金剛鎖鏈。

四、北方墨綠色金剛女神，蛇頭，手持金剛鈴。

以上四位瑜伽女神分別守在外圍的四門。

所有外圍的本尊眾以及最外圍的二十八位瑜伽女神，在本質上都是由中央五佛部、五忿怒嘿嚕迦所顯現的，亦即是智慧光芒的顯現，而非一般世間裡具有動物頭的神。我們由此可以進一步了解到：自己法性本具的智慧力，在法性中陰時顯現出的這些外境，其實即是自己本具的清淨智慧。

三、認知文武百尊而解脫的真實故事

文武百尊之所以會不斷地顯現，是因為：當智慧身顯現的時候，我們無法了知這些是自心本具智慧所顯現的境相，反而因為恐懼而逃脫，錯失了得到解脫的機會。

在這裡講一個西藏的真實故事：以前有一個畫唐卡的畫師，因為潛心於畫畫，其他的事都不做，因此他太太很生氣，就罵他：「你一天到晚東畫畫、西畫畫，到底在畫些什麼東西？」畫師告訴太太說：「我正在畫中陰文武百尊的畫像。」太太問：「中陰文武百尊是什麼？」他回答說：「是人死亡時在中陰期會遭遇到的境相。」

這一天他剛好畫到二十八位瑜伽女神中守在四方門的的最後一個——具蛇頭的本尊「主郭瑪」，他就一邊畫，一邊告訴他太太說：「這是『主郭瑪』。」

多年以後，他的太太死了，這個畫師去請示某位修

行很好、已具有神通的上師。上師告訴畫師：「你太太已
經在中陰的時候解脫了。」（因爲這位上師有神通，所以
知道一些因緣。）上師對畫師說：「以前你在畫『主郭
瑪』的時候，你告訴她：『那是「主郭瑪」。』所以她在
八識心田裡就種下了印象。到了中陰時，其他的本尊顯
現，她都不認識，直到『主郭瑪』顯現的時候，她認出了
『主郭瑪』，於是就在這樣的因緣下解脫了。」

法性中陰的修持法

一、了知法身與文武百尊
　　即法、報二身的顯現

　　我們本自具足的心，其本質是空性，所顯現出的是明性，故為「明、空雙運」的體性。心的本質是空性，其實亦為法身的境界，故有法身境相的顯現；而在法性中陰期的一切寂靜、忿怒尊的身相則是報身的顯現。

　　心性「明、空無別」中的明性，所顯現的是圓滿報身的部份，這也就是在死亡的第二個階段中——寂靜與忿怒本尊的顯現。因此我們也可以了解臨終中陰及法性中陰的顯現，其實就是我們自心本具的空、明兩種體性之「法、報兩類圓滿境相」的顯現。所以寂靜與忿怒尊的顯現從來沒有離開過法性，亦即從來沒有離開過我們本具的心性。

二、認知文武百尊的兩項要點

　　一般而言，說法的重點與技巧是：「在講經說法的時候，要用各種的講法讓大家容易了解，並且使大家在聽聞之後能夠抓住修行的要點或口訣。」因此佛法中所用的各種說法方式，都是為了要讓大家容易掌握其要點。所以在法性中陰顯現的時候，我們可以把握其要點：所有境相都是自心的顯現。無論依止文武百尊中的任何一尊，如果我們能夠了解那就是自心所現的「自相」，這樣就夠了！

　　在另一方面，我們也可以了解到：中陰時期所顯現出來的文武百尊，或是自己在此生中所修行、依止的本尊或佛、菩薩，例如金剛薩埵、阿彌陀佛、觀世音菩薩、蓮師……等等，都是為了要接引我們往生諸佛淨土的緣故才顯現的。因為我們平時依止他們而修行，所以當我們在面臨中陰時，他們便顯現出來，以接引我們往生。

　　如果能秉持以上的兩種認知：一是所有境相都是我們本具的法性智慧所展現出來的；二是因為我們曾經依止某位本尊為修行的特別本尊，所以本尊在中陰時現前，以接引我們脫離中陰，往生佛陀淨土。如果能以這兩層認知來面對法性中陰的話，亡者百分之百可以在中陰時期解脫而得到報身的成就。因此在《中陰教法》裡說：「**在剎那、剎那間即可解脫輪迴，證得報身的成就。**」就是指這

個情形。有句話說：「對一位瑜伽行者而言，死亡並不是死亡，死亡是解脫成佛的路徑。」因此，對凡夫而言，死亡是再一次墮入六道輪迴流轉的開始；但是對於一位真正修行的人來講，死亡則是契入解脫境界的關鍵時機。

三、若不能認知則易心生恐懼

如果此時對文武百尊的顯現仍然無法認知，則亡者對這些忿怒本尊的顯現，會以為是羅剎到來。當我們看到本尊手中拿著刀、槍……等等各式各樣的武器，口裡喊著各種兇狠且令人恐懼的砍砍殺殺的聲音，內心確實會生起強烈的恐懼！

因此為了讓自己在法性中陰的時候不會陷入無明、迷惑的情境，在《中陰教法》裡特別是文武百尊顯現的部份，諸位要好好地聽聞、深入思惟並牢牢地記住。把它想像成就好像自己熟悉的好朋友在惡作劇，他們突然戴著妖魔鬼怪的面具從後面跑過來嚇你，如果你知道這是自己的朋友在嚇人，心裡根本不會感到害怕。但是如果你不知道，看到那樣的恐怖景象時真的會被嚇到，以為是妖魔鬼怪要來傷害自己而心生驚懼！

以上這個比喻就如同中陰的情境一樣。

四、其他修持法

如果我們在生處中陰時，能夠依照生起次第與圓滿次第來修持本尊法，並且能夠專心、下功夫地修行，又能多聽聞、了解中陰教義的話，在未來面臨法性中陰時，就會對自己有很大的幫助。此外，在大圓滿教法裡的「托嘎」修持法，對法性中陰期文武百尊顯現的時候亦特別有幫助。

五、文武百尊安住於身中的道理

我們之前曾經講到：從眾生的心間會展現寂靜尊於外境，而從腦部則會有忿怒尊展現於外境，因此可以說我們的身體中安住著文武百尊聖眾。但是爲什麼會如此呢？這是有甚深義理的。到底祂們是安住在身體的什麼地方呢？又是如何安住的呢？這就必須從身、心兩個部份談起。我們可以從兩個角度來談身的部份：一個是身顯現的境相是什麼情況？另一個是身的眞實本質是什麼？同樣地，心也是由這兩個角度來談：目前心展現的現象是如何？以及心的眞實情境是什麼？

身心的空性

一般從共通的教理上來說，心所展現出來的現象是

念頭和識的現象，而心的實相、法性、體性、本質則是空性；至於身的實相大致上也可說是空性，展現於外的顯相則是色身軀殼，則是物質。

心的實相、法性、本質是空性。所謂的空性是指什麼？並不是說「心沒有了」就叫做心的空性。就好比這個瓶子，並不是說這個瓶子沒有了，所以瓶子是空性的，這是錯誤的，這不是所謂空性的意義。那麼所謂「心的空性」到底是指什麼呢？是指心本身不錯亂，指心本身的法性，這叫做心的實相。

同樣地，身的本質也是空性。就如同《般若心經》講到「色即是空」——五蘊色身是空性的，這並不是說身體沒有了、消滅了就是空性。所謂「身的空性」是指什麼呢？現在我們還在凡夫階段的時候是執取著不清淨的身，執取著它是軀體、物質……等，然而它的清淨、它的實相、它的法性，即是所謂的「身的空性」。

身心的實相是佛身與佛智

因此心的實相是佛的智慧，而身的實相是佛身。但是我們沒有如實地見到清淨的佛身，而執取著不清淨的蘊身——我的身、你的身、我的頭、你的頭……等。現在當我們想著身的實相是佛身的時候——五十八位忿怒尊住於頭部，四十二位寂靜尊住於心間，除了這些以外，其他根本都沒有！

　　由於迷惑的緣故，我們所看到的身體只是一個由血肉構成的具有頭、四肢與軀體的不清淨色身。其實在實相上，我們身體的五蘊、十二處與六根、六塵、六識之十八界在本來、在未錯亂時就是本尊與壇城；但是我們不了悟這些，我們所看到的只是五蘊、十二處與六根、六塵、六識之十八界等不清淨的境相。然而因為我們現在的這個身心具有本質清淨的身心之實相，所以文武百尊就安住在這個色身中。

　　從這個角度去理解，就可以體會到：雖然我們的腦部這麼小，仍然可以安住五十八位忿怒本尊，而心間則安住了四十二位寂靜本尊。因此，由於身心在實相上為佛身與佛的智慧，所以我們在中陰時由於種種因緣的際會，如此的佛身與佛的智慧就能夠顯現出來。

智慧本尊自然顯現

　　要進一步理解「智慧本尊安住在色身中」的道理，我們可以做這樣的比喻：如同芝麻可以提煉出芝麻油、牛奶可以提煉出酥油、金礦與銀礦可以提煉出金和銀一般，不清淨的色身中也安住著清淨的本尊。

　　在這三個比喻裡，「從牛奶中可以提煉出酥油」對台灣人來講可能沒有這個經驗，在西藏這個比喻則是大家都非常熟悉的，因為從小到大，每個家庭都會從牛奶中攪出黃色的酥油，特別是大人們鼓勵小孩子要好好讀書或是好

好持咒、誦經時，都以搗出來的酥油當做禮物。酥油非常香，小孩都知道好好地讀書就會有酥油吃，或者持多少咒就可以有酥油吃。我從小就常常為了小小的一塊酥油做了很多事。

如同上述的「芝麻可以提煉出芝麻油、牛奶可以提煉出酥油、金礦與銀礦可以提煉出金和銀」三個比喻一般，現在這個色身如果碰到某個機緣或在特殊的情境中，本自安住的智慧本尊便會顯現出來，這也是同樣的道理。因此在臨終中陰的過程裡，身體的五蘊、十二處、十八界等完全消融之後，清淨的本質便因為與色身分離而顯現出來，所以到法性中陰的時候，會從頭部展現忿怒本尊的壇城，並且從心間展現出寂靜本尊的壇城。

其實我們甚至不必等到法性中陰，在生處中陰時，如果確實地透過修行的要領來修持，也會有文武百尊顯現的現象。就像修持大圓滿法門時，有很多人如同前面所說的故事（在廁所中看到本尊壇城的顯現）之類的經驗。一直到現在，也還有很多的修行人證得了虹光身的成就。

為什麼修行時可以得到虹光身的成就？簡而言之，因為在大圓滿裡「托嘎」的修持法就是將現在不清淨的五蘊、十二處、十八界……等不淨的軀體加以如實觀修。而當自己能夠轉換不清淨的色身為清淨的智慧身、氣脈與明點的時候，就可以證得「托嘎」的成就。

第四節

本章問答

一、法性中陰階段每一天的佛出現、放光時，是持續地一
　　直放光？還是短暫地放光？還有，佛放完光之後就消
　　失嗎？

答：這是個滿深入的問題。以中陰的時間來講，一天、兩
　　天的時間都是不定的，現在只是以一個人的時間觀念
　　來說。在中陰境相的一天、兩天指的是以禪定的情境
　　來計算的，所以不是從早到晚一共二十四小時。同樣
　　地，第一天佛放光的時間也是不定的，會依眾生修行
　　的功夫及所造的惡業障礙而有差異，所以放光顯現的
　　時間也是不定的。

二、法性中陰時期所見的五方佛是否和我們在唐卡或佛像
　　的畫上面所看到的一樣？

答：身體的顏色與手上持的法器大致上是相似的。

三、如果一個人在世的時候從來沒有看過佛像，也沒有看
　　過大象、孔雀，那麼他在中陰時也會看到這些嗎？

答：這種中陰現象的顯現對大部份的眾生來說是有的。
　　眾生處在這些境相當中，有時候自己是完全不清楚
　　的。也就是說雖然有這樣的顯現，但是因為每位眾生
　　業力的差異，有可能會對中陰的境相完全不清楚。為
　　什麼這樣講呢？有很多西方科學家的研究顯示：有些
　　人死亡之後又還魂回來，這些人能回憶死亡後到又復
　　活過來這段期間所發生的事情，但是在有些人的敘述
　　裡並沒有談到中陰的現象。因此我認為：中陰現象對
　　有些人來說，就算他曾經經歷過，但是自己因為無知
　　的緣故，便沒有辦法深刻地認知它。所以本尊現象的
　　顯現，對每個人來講不見得是完全一樣的。

　　譬如說我們站在不同的宗派角度來分析、研究，密教
　　經典裡說中陰時有這些現象，但是在其他不同的宗教
　　──例如基督教徒的死亡過程是否也是如此呢？在一
　　些其他宗教的記載裡，有些人面臨死亡的時候，也都
　　有一些滿類似的共通情況。

四、如果他是基督徒，他會看到耶穌基督，如果他也把耶
　　穌看成是自心智慧的顯現，也如實安住在自心智慧

中，那麼他是否也可以獲得解脫？如果也可以解脫的話，那麼基督教和佛教又有什麼不一樣？

答：如果基督教徒本身也如實了解心性的道理，在他死亡的時候，他看到的不會是五方佛顯現，而是基督的顯現。如果他能如實了知這就是自心本具的智慧，他在當下也能得到解脫，而且他所得到的解脫和一個佛弟子或一個修行者的解脫，二者是沒有什麼差別的。但是在這當中卻有一些差別與問題，那就是：在基督教的教義之中，有沒有教導這樣的解脫方法？有沒有一個見地是關於「境相的顯現就是自心所顯現的現象」？有沒有在教義或宗派的修持法門裡提到解脫見地的教導？如果有的話，那他們在臨終的時候會有這樣的意念，並且以類似的方式來面對而得到解脫。不過據我所知，基督教裡並沒有這樣的觀念。

五、一個人不論是否清淨或不清淨都會有子、母光明的會合？您說在最珍貴的開悟時刻，我們往往都會錯失，是否能再解釋一次母光明的現象？

答：所謂母光明的顯現，是死亡時本具心性智慧顯現時的光明現象，並不是佛教教義設一個理論說：會有這樣的現象顯現，而是眾生在面臨死亡的過程中，本來就會有這樣的現象，而佛教將這個現象詮釋為「自心

光明的展露」而已。一般不了解教法的人在面臨死亡時，同樣也會有這個過程顯現，但是因為一般人不知道的緣故，所以在顯現的那一刹那，對他來講並沒有任何的覺知，或者他也有可能是陷入一種宛如大夢的情境中。

六、要什麼時候為臨終者修頗瓦法？是彌留的時候？還是等迴光反照或斷氣了以後？

答：修頗瓦最好的時刻是死亡徵兆中粗分的消融次第開始顯現的時候。這時候，我們的身體和心識正慢慢地脫離。當我們活著的時候，對於身心的執著非常強烈，所以要修頗瓦法很困難；但是死亡的時候，粗分的消融次第現起，外在的色身跟心識逐漸脫離，愈離愈遠之後，心會輕飄飄的，沒有什麼窒礙，這個時候修頗瓦是最容易解脫的。如果死亡的時間還沒到就自己隨意地修頗瓦的話，將會有自殺造業的危險，因此要確定自己壽命就要終了的時候才修頗瓦，否則會有殺害自身的惡業。

七、如果一個人突然生了重病，在刹那之間有了身心分離的現象，在醫院裡有很多這樣的例子，病人在當時會覺得彷彿心識離開了色身，但是事實上還沒到達死亡

的時刻，不過他的心識已經離開了身體，可以看得到自己，在這個時候可以修頗瓦法嗎？

答：那個時候並沒有死亡的徵兆，事實也證明他沒有死，所以並不是一個修頗瓦的好時機。不過不管怎麼樣，修了頗瓦法以後，往生到西方極樂淨土，即使他有自殺的惡業，在淨土裡也可以再清淨。

八、在第六天的時候有四方佛放光，四種光是同時放射嗎？而我們要依止哪一種光呢？

答：這些光是同時顯現的，在顯現的當下，你隨意安住在任何一種光裡都可以。

九、這四種光是照射到我們身上呢？還是我們看到了光而選擇要去哪一種光裡？

答：是由四方照射到我們心中。那個時候我們已經沒有血肉所形成的身體了，是意生身的狀態。

十、到那時候四方佛的光與六道的光不是都照在我們的身上了嗎？是我們要生起意念安住在哪一種光當中？還是如何？

答：對，六道的光同時會顯現。由於對《中陰教法》不了解的緣故，一般人在這樣的情境中，會由於無始劫以

來在輪迴流轉的習氣和此生中所造的惡業而趨入六道中。例如：若其惡業應墮入地獄道，他自然會對地獄道的光芒心生歡喜，因爲地獄道的光芒沒有任何刺眼和巨大的聲響，所以他很自然地會與這個光芒相應而趨入其中。這時候如果你了解《中陰教法》的話，看到光芒時，會想到這是六道的光，趨入的話會再一次輪迴於六道中，而且你了解每一道的痛苦，於是自己就會提醒自己，便不會進入柔和的光而進入強光中。

十一、這些光同時照著我們，只要我們心裡確知這是六道的光，我們不想去，它就不會把我們吸過去，是嗎？

答：這就是爲什麼要講《中陰教法》，以及爲什麼我們在中陰時要生起堅定而虔誠的祈請心──祈求往生到五方佛的淨土中的原因。我們藉著祈請來遮止惡業與習氣的牽引，以避免墮生到六道中。在這種情形下，我們要堅定地了解：千萬不要進入六道的光中。不過雖然知道不要墮生到六道中，還是不見得人人都能契入智慧光明，因此法性中陰現起後，亡者在十四天之內還不能解脫的話，進一步就會進入投胎中陰。

十二、如果我們平時有佛法的熏習，也有專修本尊或佛菩薩，在這個時候可以修生、圓次第嗎？還是什麼都不要做？

答：在這個階段中，修持本尊法會有很大的幫助。

十三、淨土宗很重視臨終八到十二小時的助念，主張不要碰觸或馬上火化亡者，也不能將他送入冰櫃。如果亡者的身體被火化或送冰櫃，會影響第一天到第三天法性中陰的顯現嗎？

答：在顯教裡講八到十二小時不要去動死者的身體，這個時期其實就是中陰教法裡所講的臨終中陰到法性光明現起的階段。法性光明現起之後，如果亡者能如實地了知母光明的現起，並將心安住於禪定中，雖然他已經死亡了，我們也會主張不要動他的身體，而讓他自然地安住在禪定中。就這個層次來講，這與顯教所講的：「人死亡以後的一段期間內，不要動他的身體」的意義是一樣的。因此關於這一部份，在習俗上該如何處理，由各種宗教的角度、甚至是不同宗派的角度來看，各自都會有一些不同的看法與做法，因此並沒有統一的方式。

十四、由於心的體性是明空，因此就絕對境界來說，中陰

文武百尊的顯現是否也是虛幻無實的？

答：就勝義而言，心是明空雙運的體性，這是沒有錯的。但是你不能說在中陰時所顯現的文武百尊是虛幻不實的，而應該說事實上文武百尊的顯現也是勝義心性明空的展現。在展現的當下，其與心的體性是沒有差別的。

十五、我們現在還活著的時候，當遇到緊張的事情時，雖然告訴自己不要緊張；遇到生氣的事情時，也告訴自己不要生氣，但是還是會緊張、會生氣，因此在法性中陰的時候，如果遇到這些令人害怕的事，只要告訴自己不要害怕，就一定不會害怕、一定會解脫嗎？

答：最主要是心裡要有這樣的習慣——譬如說你很容易生氣，就要常常提醒自己不要那麼快生氣。也許第一次還是發脾氣，但是常常提醒自己的話，一次、兩次，久而久之，遇到情境時就不會馬上發脾氣。因為不斷地提醒會漸漸形成習慣，因此遇到情境時不會馬上生氣。這時候就不需要像開始時起「不要發脾氣」的意念，很自然地就不會發脾氣。

同樣地，在中陰的境相中也類似這樣。所有文武百尊或修持的本尊在中陰時的顯現，一方面是代表本尊

來接引我們從中陰解脫，另一方面是代表自己心的智慧體性展現於外境，因此一切的展現都與自心無二無別。最重要的是我們在聽聞教法的時候，心裡要真正地生起堅定的信心，確信就是這樣子。剛開始時要生起這樣的確信也許是比較困難的，但是當你真正生起確信的時候，要在中陰期解脫一定是沒有問題的。

十六、假設我們原先所修的本尊不在中陰文武百尊裡面，那麼祂在中陰的情況下也會顯現嗎？是在什麼時候顯現？

答：在這種情況下，譬如你以蓮花生大士為本尊，蓮師並不在文武百尊之中，當你面臨法性中陰時，有時候也是以蓮師的身形顯現，也有可能不是以蓮師的身形出現，而是以中陰文武百尊的身形顯現，但其本質上就是蓮師。有很多的例子顯示，修行者死亡還沒到法性中陰的階段之前，在臨終中陰就已經見到本尊示現，這是亡者以其親身經歷敘述出來的。

十七、那這樣是報身解脫還是法身解脫？

答：在臨終中陰的解脫有兩種情形：一種是依著修頗瓦往生阿彌陀佛淨土，這並不是法身解脫。第二種是臨終中陰時的消融次第出現，直到法性光明顯現時，當下

如實認知而融入其中，這才是法身解脫。只有見到本尊現起，不表示已經解脫。臨終中陰時，在哪一個過程以什麼方式解脫，或是在法性中陰時以什麼方式解脫，這些是有差別的。

十八、在法性中陰的時候只要認出本尊和我是無二無別的，這樣就可以了嗎？還是要跟著走呢？假如亡者在寂靜尊的時候沒有認出來，到了忿怒尊顯現時不是會更害怕嗎？如果嚇昏過去怎麼辦呢？

答：在中陰文武百尊顯現的時候，只要能認知文武百尊的顯現和我們自身是無二無別的，並且在當下將自身與本尊融合，便能立即得到解脫。至於第二個問題，如果昏過去就沒有辦法在法性中陰得到解脫，因為在當時你所見到的忿怒尊就像羅剎等兇惡的鬼神，接下來就會進入投胎中陰的過程。

十九、如果在寂靜尊時就已經認知本尊與自己無別，那還會再經歷忿怒尊嗎？

答：你已經在寂靜尊出現的時候得到解脫，就不會再有忿怒尊的顯現，所以要把握在寂靜尊的時候解脫，就不會再經過忿怒尊的顯現階段了。

二十、那種認知「本尊就是我」的心境，是指一種了然於心、不會害怕的認知，還是只是想著：「好啦！你就是我啦！」是哪一種呢？

答：這種認知可以說有兩種層次：第一層是知道一切外在的境相就是內心的境相時，心裡就不會恐懼。第二層是進一步要了解自心所顯現的相都是本具智慧心的體性所展現的，並且在境相出現的當下，你知道這就是我本具的智慧而如實地認知，這樣就能立即得到解脫。

二十一、我們現在還活著的時候，看到本尊像，就想：「我就是他，他就是我。」為什麼這樣不能解脫？這和中陰有什麼不一樣？

答：最主要是因為就算你現在放一張法照在面前，並告訴自己：「這就是我，是我自心的顯現。」這只是頭腦這樣想，並不是存在於外境的，因此你也沒有生起「一切都是自心的顯現」這種由修行所生起的堅信。如果你能在修行中真正生起這樣的確信，當你還活著的時候就已經可以解脫了。

二十二、所以在中陰的時候，認知本尊是屬於一種很確定的認知，而不是只是告訴自己：「那就是我。」

答：在中陰的開示中，一直在強調兩個部份：一個是在中陰期時，知道這些都是自心顯現的相，因此面對境相的時候，內心的恐懼會消失，不會因為這些顯現而害怕，這是第一層。進一步是能如實了解所有顯現的相，都是由本具智慧心的體性所展現的，大家對這一層要有非常深切的了知。

二十三、會害怕是不是因為業力尚未消除清淨？

答：跟這個有關係。

二十四、淨土宗有所謂的「念佛往生」，臨終時會有阿彌陀佛來接引我們，此時我們是該跟著聖眾走，得到報身的成就？還是祂們出現歸出現，我們要等到四大消融之後，第四天彌陀現起時再跟著祂們走？

答：消融次第沒有現起的話，生命還沒有終了，對修行人來講，不見得有能力在法性光明現起時如實證悟，所以不見得每個人都能這樣得到法身成就。至於法性光明顯現的時間長短也不見得一定是三天。有些人可能是在一刹那間現起，然後就陷入昏暗。阿彌陀佛接引往生的事例是有的，有些人在死亡以後，雖然無法認識母光明的顯現，卻在阿彌陀佛的接引往生中得到解脫。

人在死亡之後由彌陀接引往生也是有的。根據我從經
書中的理解，彌陀接引往生的道理和中陰裡寂靜本尊
的示現接引這個階段是相近的。所以這兩種情況都是
有可能的：一死亡就接引往生，或是在法性中陰的時
候接引往生。

在顯教的經典裡並沒有詳細講阿彌陀佛如何地來接引
亡者，但是在密續之中就有更深入的說明。例如：
在《阿彌陀佛極樂淨土教言》裡就有這些詳細的開
示，提到佛陀如何示現、如何接引亡者往生……等
等。（因爲經部是佛陀親口所傳授的教理，密續則是
更深入的開示。）

第四章

投胎中陰

　　眾生從出生到死亡，直到再次投生到來世，整個過程都涵括在六中陰的教法裡，而死亡後再一次投胎轉世的過程稱為投胎中陰。當眾生臨終的時候，面臨臨終中陰，之後進入法性中陰，到了法性中陰的階段如果仍然沒有辦法解脫的話，就會進入投胎中陰。

　　投胎中陰的階段是怎麼樣的情況呢？

　　在此階段中，眾生所具有的身相是意生身，不像現在活著的時候有著血、肉……等實質的身體。此時眾生會有很多機會投生到五方佛的淨土、往生到三善道（人、天、阿修羅道）或墮生到三惡道（地獄、餓鬼、畜生道）中。在投胎中陰的整個過程中，眾生也會遭遇到各種快樂、歡喜或痛苦……等境相，這都是不一定的。

　　在投胎中陰的狀態裡，時間的長短是不固定的，有些人一天就投胎轉世了，有些人可能好幾年、一百年、上千年都在中陰的狀態裡面。但是對一般人而言，大致都是到七七四十九天為止中陰狀態就結束了。

　　有些人會在中陰的情境中每七天就回憶起死亡的境相，因此每七天他都會再一次遭受到死亡的痛苦，這也就是為什麼我們每七天要為亡者「做七」、修法、做功德迴向給他的原因。因為亡者在投胎中陰時所感受的各種過程與其生前的修行、所造的業……等等是有關係的，所以在中陰的狀態裡，時間的長短是不固定的。

第一節

投胎中陰前期
(未臨投胎時)的顯現

一、具意生身，其智慧為生前的九倍

世親菩薩

在死亡後，亡者大約有三天的時間會陷入昏迷的狀態。經過三天之後，亡者才會慢慢從昏迷中甦醒過來。此時他的心識會愈來愈清楚，意識的作用會比活著的時候更敏銳，經典裡說其智慧是生前的九倍，而身形則如同生前的樣子。在世親菩薩的《大毘婆沙論》裡有四

西藏生死導引書 上

The Tibetan Book of Living and Dying

句偈頌，第一句的意思是：「死亡後的三天醒過來，具有與生前同樣的色身。此色身稱為『意生身』，並非是有血肉的色身，只是意的身體。」

二、六根具足

偈頌的第二句是講：「這個身體的六根都全部具足，即使他生前是瘖、啞、聾、盲或身體殘缺，這時候的六根都是正常的。」縱使亡者生前的五根或手腳有問題，當他擁有意生身的時候，五根是完全具足的。

以前在美國的一間醫院裡就有這樣的記載：有個盲人在動手術，在手術進行的一個小時過程裡，盲者的心識離開了肉體，他看到醫生拿著手術刀幫他開刀的過程。等到手術結束後，其神識又回到身體。事後他在描述醫生的面孔特徵及手術的過程時都很清楚而正確，但事實上他是一個盲人。因為在心識脫離肉體的過程中，意生身具有完整的五根作用，這也類似於死亡後的意生身——六根具足。

三、具有他心通與神足通

《大毘婆沙論》之四句偈頌的第三句講：「意生身

具有由業力所形成的神通力，具有他心通，可以知道對方在想什麼。同時他內心裡想到任何地方，馬上就可以到達，甚至可以飛天遁地。」現在我們的色身想要穿越牆壁是不可能的，只要前面有個東西擋住就過不去；但是在中陰時的意生身因爲不具有血肉之身，所以無論是山巖或牆壁都無法阻礙他，這就是所謂的無礙行。現在的這個血肉之身要靠我們的雙腳或車子、飛機等交通工具才能到達目的地，但是在意生身的情況下，不需要依靠這些有相的腳或是交通工具，單單以意念就可以立即到達目的地，因爲意生身只用意念即刻就能到達某個地方。

現在的色身爲何是有礙的？就心識而言，應該是沒有什麼東西可以將他阻礙。但是投胎之後有了血肉色身，所有的煩惱、習氣都執著在這上面，所以因爲血肉軀體的關係，外境對我們而言變成是有窒礙的，例如在屋子裡，門如果不打開，我們就出不去。但是在中陰狀態的意生身除了母胎之外，是沒有什麼東西可以阻礙他的！爲什麼呢？因爲這和業有關聯。當父精母血交融時，你的心識進入其中，就會隨著業力而受束縛，不能夠自在地離開，所以說唯有母胎是無法自在穿越的。另外還有佛陀的金剛座是無法穿越的。所謂的金剛座是指究竟勝義法性的心性境界而言，並不是指印度的金剛座。印度的金剛座是所有眾生都可以去的地方，無情眾生也可以去，沒有什麼窒礙可

言，所以在此所講的是心的體性。

　　在西藏，有某些人有死亡之後又再還魂的經歷，其中一位叫林薩卻席。他死的時候並不知道自己已經死了，意生身完全和生前一樣。他在自己的家裡看到女兒，但是無論他對女兒說什麼，女兒都不理他，也不回答他，所以他心裡很難過，心想：「平常我們的感情那麼好，為什麼今天都不理我？」吃飯的時候，也沒有人端東西給他吃，於是他心裡更難過：「到底是出了什麼事？為什麼會變成這樣子？」之後他慢慢地回想，發現他在房子裡可以無阻礙地任意通行，甚至可以穿牆進出，因此開始懷疑自己是否已經死亡？此時他才覺察到自己已經死了。這個故事證明意生身是沒有任何窒礙的，情況就是如此。

四、具有因業力所成的天眼通

　　第四句講：「**在中陰意生身的狀態下所看到的是：相對於其業力所顯現的情境——他的業力會致使他應該看到某一道有情眾生的現象，於是很自然地就會顯現出那一道有情眾生的現象在他眼前。**」

　　這樣的境相是非常微細的，一般凡夫的肉眼是無法看到的，但是具有天眼的人則可以看到中陰意生身的現象。如同上面的例子，林薩卻席回到家中，在意生身的情

境下，他看得到人界的現象，但是家裡的人卻看不到他的身形。

將來隨著科學的日益發達，或許會有一種機器可以看到中陰的意生身也說不定。同樣地，在虛空中也存在著無數的生命現象，只是用我們凡夫的肉眼看不到，看到的只是空空的，什麼都沒有。

就像佛觀察一杯水裡有八萬四千隻蟲，如果在古代，這件事也許沒有人會相信，因為大家看到的只是一杯乾淨的水，便會笑一笑說：「這不是真的。」以前不但沒有人會相信，也沒有人會想到在現代會有這類的儀器可以觀察到水中的確有很多微生物。如果我們用顯微鏡去觀察一滴水，會發現有無數的微生物在其中。同樣地，以後或許也會有儀器可以觀察到生命微細的現象。

就像在《大毘婆沙論》裡，佛說：「**像須彌山那麼大的一座山，其實是由無數微塵所組成的，是不真實的。雖然我們看到的是一座堅固真實的高山，但是其本質只是由一個個的微塵聚集而成的。**」在佛陀的時代，這樣有智慧的見解在當時的人是無法理解的，他們會想：「佛陀怎麼說須彌山是由微塵所組成的呢？怎麼說山是不真實的呢？」

經過科學的不斷發展，佛陀的論點得到了印證——透過儀器的觀察，科學家證明一切眼睛所見的物質都是由非

常微細的粒子所聚集而成的。但是在二千五百年前，並沒有發達的儀器，而佛陀卻可以精準地說出物質是由粒子聚合而成的，因爲他是由智慧直接去觀察，而不是像我們必須透過外在的儀器來觀察而得到結論。

事實上，佛陀講到空性的義理，連組成事物的最微細粒子之本質也是不存在的，是空性的。所以未來的科學也許會發現連最微細的粒子也是不存在的，從而證明佛陀最高智慧的眞知灼見。

五、以氣味爲食物

亡者一旦進入中陰意生身的狀態就沒有辦法再回到生前的情境，這時的一切吃、穿、受用都是靠氣味，稱爲「食香」（藏音：只撒），這也是爲什麼人死了以後，我們要做煙供迴向給他的原因。前面所提到的死亡徵兆裡有一項是：「如果你愈來愈喜歡聞煙供的味道」，這就是因爲死亡之後的意生身會完全以氣味爲食物。

現在我們所受用的食物是比較粗的，但是在意生身的形態下，是以氣味來受食，而且要陽世的眷屬供養、迴向給他，他才可以得到這些食物；如果沒有供養、迴向給他的話，就沒有辦法得到。

六、多與具有類似業報的眾生為友伴

人活著的時候，有親戚、眷屬與志同道合的朋友做為我們的友伴，但是在意生身的時候，一般是以同樣已經死亡、具有類似業報的眾生為伴，有時候也會跟還活著的朋友在一起，這是不一定的。

七、居無定所

處在投胎中陰的眾生所處的狀況是不定的，例如：他所安住的處所、友伴、食物……等等都是不定的。如何的不定呢？在投胎中陰的時候，眾生所住的處所也許是在橋邊、橋下、寺廟、佛塔、山林、巖穴……等等地方；安住的時間也非常短暫，因為在這個時候只有識的作用，沒有真正的色身，因此他無法在一個地方長期待著。由於中陰時種種幻相不斷地顯現，所以其內心的意念變化非常快速，因而不斷地從一個地方遷移到另一個地方。

現在我們想要在某個地方住多久，或者到某個地方待多久，都可以照自己的想法來自主，但是在中陰意生身的情況下，則是受「業風」所驅使，沒有辦法長時間安住在同一個地方。所以現在我們住在固定的房子裡，但是意生身的住處是不定的，甚至有時候是與畜生為伍。前面曾經

提過：意生身所見到的景象跟他自己的業報是相應的，例如他的業將要投生於哪一道中，所顯現出來的境相就是那一道的境相。

八、陷於一片黑暗昏茫之中

我們現在的身體中由於有父、母的紅、白菩提，因此外在的境相就有日、月的展現；到了投胎中陰的時候，紅、白菩提已經消融，意生身已經不具有紅、白菩提，所以沒有日、月的境相。事實上外在世間的境相和我們的身體有很大的關聯。我們可以這樣去理解：外在的整個世界和我們自身是相關的，因此在投胎中陰裡面，由於沒有紅、白菩提，便沒有日、月，所以亡者會陷在一片昏茫茫的黑暗景象當中。

這裡有一個西藏的故事：有兩個懂星象算命的人在互相討論，結果兩人對星象的推算有差異，因此發生爭執。經過辯論之後，其中一個人知道自己有錯誤，便回去見他的上師。他的上師是一個在氣、脈、明點上很有成就的瑜伽士。他跟上師說：「今天我和人辯論星象，結果是我自己弄錯了，但是不好意思承認錯誤，所以想請上師加持，將星象改變成如我所說的。」上師答應了他的請求，於是在修行時便觀想外境契入中脈，因此外在的境

相就跟著改變，在星象上展現出來的便如同他弟子所講的。本來推算是錯誤的，不會有這樣的現象，但是瑜伽士卻能轉變這個現象。這個故事的主要用意是在說：我們的身心和外在的境相是有很大關聯的，一個大修行者瑜伽士可以依自己內在的氣脈改變外在日、月、星辰的展現。

九、沒有腳印和影子

因為意生身是沒有實質血肉的身軀，沒有紅、白菩提，外境也沒有日、月的展現，所以不管他走在什麼地方，都不會留下任何腳印，也不會有影子，這種情況就如同睡夢中陰的身形。此時亡者雖然在生前沒有修行任何神通，但是意生身自然會具有神通。

十、因貪執生前所有而產生痛苦

在投胎中陰的過程中，眾生的內心經常處在痛苦、懊惱、易怒且非常不安定的情境中。他看到自己生前的朋友、住所、財物……等等都為他人所分享、持有，而自己的朋友好像也不再理睬自己了，因此碰到這些情境令他十分懊惱，很容易對外境產生瞋心。

到了投胎中陰的階段，意生身會常常回到以前所住

的環境中，看看自己的朋友、親人、父親、母親、妻子與兒女……等等，也會如同生前一樣地自然想跟他們講話。但是這時候無論他說什麼話，做什麼行為，因為他們看不到，所以他們也不會理睬他。就是因為處在中陰的情況下，所以亡者會看到各種奇怪的現象，此時就算他原本並不知道自己已經死亡了，但是由於外在的各種現象顯現，他也會慢慢地了解到：原來自己已經死亡了。

此時，亡者會看到自己遠離了生前所努力積聚的財富，甚至自己所喜愛的親人、眷屬，還有生前所執愛的色身……等等，全都遠遠地捨棄了自己，因此便會產生很大的痛苦。這是因為生前所有的一切，已經沒有任何一樣是自己可以擁有的、帶走的，所以內心會產生強烈的痛苦。

十一、因怨怒不滿而生痛苦與瞋恨

死亡以後的意生身狀態所具有的心識作用是非常敏銳的，比生前還要清楚，所以周圍的人不管做什麼事、說什麼話、心裡想什麼，他都可以覺察到。因此亡者對於家人、親戚與眷屬所談的話和內心的想法都能完全了解。當這些人在為他生前所留下來的財富起衝突時，對亡者而言是清清楚楚的。同時家人為了他的死亡而準備做喪事、修

法……等等的各種過程，他也是非常清楚地知道的。因此在這種情況下，如果後代子孫不是出於真的孝敬或是慈悲的念頭去爲他做各種法事的時候，亡者內心會生起強烈的瞋恨心。

當亡者生前所貪執的色身被親人用火葬或土葬等方式處理時，由於其內心還對色身有執著，因此會產生很強烈的瞋恨與痛苦，甚至生起很大的邪見——內心會產生類似鬼魅的想法，於是心識再回到色身裡面，變成所謂的「殭屍」。這種殭屍有的是自己的心識變成鬼的狀態回到身體裡面，有的是由於外在的妖魔進入身體裡面而變成殭屍，這種事在以前的西藏常常可以聽到。

大概在一九五〇年代，西藏地區有個鄉鎮發生了一起殭屍事件：當時有一位老婦人，沒有親人，只有自己一個人住。她過去曾經借錢給別人，後來年紀大了，生活比較困苦，就想要去找那些人要回自己借出去的錢。結果她去討債的時候，有些人認爲她年紀這麼大，也用不到什麼錢，就不想還錢。老婦人回程的時候，經過一個山洞，由於天已黑了，就在山洞過夜。結果老婦人生了病，因此住在山洞裡面，兩、三天之後就死了。

由於沒有後代，她的屍體就沒有人處理，於是在死後兩、三天變成殭屍。此山洞前面有一條大河，在河的另一邊，每當傍晚的時候，大家就可以遠遠地看到對岸的殭屍

站起來，回到村鎮裡，並睡在房子的屋頂上。不只所有的人都看得到，連一些狗、羊……等動物也都開始產生恐慌害怕的現象。

後來大家沒辦法，就請廟裡的喇嘛修法將這個殭屍去除掉。這個殭屍就如同中陰裡所講的情形一樣，因爲內心對於自己所擁有的財富非常執著的緣故而所產生的。

十二、會有九次想回到生前的身體

亡者在這時候會想再回到死前的軀體，並嘗試著要進入那個屍體裡。如經書裡所講的：「這種情況會重複九次。」但是無論如何，他都無法再回到他生前所擁有的色身上。有時候，色身因爲天氣的關係而開始腐爛，有時候是家人在亡者死後已將肉體火化，或者土埋，或者放進水裡……等等。亡者看到這種情況後，會覺得痛苦倍增。因爲他對自己的色身還有很強烈的執著，所以心中會產生更強烈的痛苦感受。

第二節

投胎中陰前期
(未臨投胎時)的修持法

一、應放下執著心與虔修本尊法

在投胎中陰的這段期間,亡者應該怎樣面對呢?最好的面對方法就是真正放下執著心,對於自己的身體、親戚、眷屬、名利與自身擁有的世間財寶……等等,打從心底真正地捨棄貪著。如果能夠如實了解一切都沒有真實意義而安住其中是最好的;如果不能夠這樣安住的話,至少此時你可以真正地放下,並觀想將自身所擁有的一切全部都供養給上師、三寶,以利益一切的有情眾生,並以這樣的心念來虔誠、專注地修持自己平常所修的本尊法,並向本尊虔誠地祈請加持自己從中陰的狀態中得到解脫,這就是身處投胎中陰階段中最重要的修法。

二、面對各種恐怖境相時的修持法

我們現在的身體是由四大和合而成的血肉之軀，故依四大而安住；死了之後，意生身則是依業而安住。因為受業風擾動，所以行、住無法自主。所謂的業風擾動是指：由於眾生各自造業的差別，所顯現的中陰境相便有所不同。有的人在中陰狀態中會碰到大雪紛飛、狂風暴雨……等等因惡業所感的境相；有的人則會看到昏暗的情境，並且有夜叉、羅剎來帶領自己……等等，因此眾生在中陰狀態中各自有不同的境相顯現。

如果亡者在生前曾好好修持、積聚各種善業的話，其投胎中陰時所顯現出來的就不是恐懼痛苦的境相，而是一種內心充滿圓滿、喜悅的感受；他所伴隨的朋友也不是羅剎、閻羅、獄卒……等等令人恐懼的樣子，而是自己非常喜歡交往的、真正的好朋友。反過來說，人們如果在這一生中造了惡業，沒有善業的修持，面臨的中陰境相就是充滿各種恐怖、痛苦的情境，那時與我們自身相伴的便是羅剎、閻羅……等等。因此在中陰裡所遭受的痛苦、恐懼情境之強弱，完全取決於生前所造的善業和惡業。

（一）對治四大所展現境相的修持法

在上述的情境中，外在的四大也會展現出各種恐怖的

境相，並且成為我們的敵人。例如：地大會讓人感受到整個大地在晃動，高山崩塌，還發出非常巨大的聲響，因此亡者的內心會產生無比的恐懼和痛苦。風大會展現出狂猛強烈的風與風聲，並帶動著意生身，令他不得自主。水大則會展現出如同大海巨浪流動的聲音。

因此在碰到這樣的中陰境相時，我們的內心應該要好好地思惟：「現在我是處在中陰狀態中的意生身，所以看到的外相只是一種幻化的境相，並不具有真實的意義。」若能以這樣的角度去了解所有顯現的幻相都是不真實的，甚至進一步地將心安住於對佛、法、僧三寶虔誠、恭敬的祈請上，而對於自己平常所修行的法門也能專注地憶念，便能不對外在的幻相產生恐懼，這是最重要的。

（二）對治業力所展現境相的修持法

若是亡者生前造作很多的惡業，只積聚很少的善業，當他在投胎中陰的情境中時，由於惡業現前，其力量會轉變成恐懼、痛苦的情境，於是亡者會看到地獄的閻羅王與各種的羅剎、鬼卒……等等。此時會有許多各種不同以動物首級、人類身形所顯現的獄卒現前，他們的手上拿著各式各樣的刀槍、兵器，口中還高喊著砍砍殺殺的聲音向亡者進逼而來。在面對這種情境的時候，亡者因為內心

不了解的緣故，便會產生強烈的恐懼與痛苦。此時由於身後有羅刹、鬼卒拿著武器並發出聲音在追趕亡者，他只好不斷地往前奔跑。由於貪、瞋、癡業力的展現，亡者會看到一個情境：當他跑到懸崖邊，眼前會聳立三座高山，這三座高山正代表我們的貪、瞋、癡，而懸崖下則是萬丈深淵。

在這個時候，善神、惡神都在細數著他的善業、惡業，就算他用盡辦法想欺騙諸神也都沒有用。所有善神、惡神都是自身善、惡業報所展現的境相，所以當亡者想要欺騙善神、惡神的時候，他們會拿出閻羅的月鏡照出其生前所造的惡業，上面有清清楚楚的所有記錄。神藉著月鏡顯露他所造的一切惡業後，接著夜叉、羅刹就會牽引他去受刑，例如：用黑色的繩子套在他脖子上，用力一拉，他的頭就斷掉了；或是拉他去接受砍手、砍腳……等各種懲罰。如果亡者生前造作了很大的善業，夜叉、羅刹就會帶著他往生三善道或淨土中，而且會顯現出一些使者來接引他往生。

在這樣的中陰幻境中，我們必須生起覺知，告訴自己這是中陰迷惑的幻境。如果能這樣了知的話，就能從中陰的幻境中脫離。這就好像睡覺的時候做夢，夢到各種恐懼的境相，如果在夢的當下知道這是在做夢，就不會對恐懼的外境感到任何的懼怕，因為你知道這只是夢境而已，所

以恐懼就會消失。同樣地，在中陰的時候，如果自己知道這些都是業風所現起的幻相，當下就能由幻境中解脫。

三、平時應培養「執著無益」的認知

我們現在就要如實修行，以培養正確的認知——死亡以後，對外在的親戚、眷屬、財富以及肉體的執著是沒有任何幫助的。為什麼呢？到那時，所有的財富……等等，縱使我們看得到，也無法享用一分半毫；縱使有多麼豪華、舒適的房舍，自己也無法居住、享用。

隨著業風的驅使，縱使自己對親戚、眷屬、父母有多麼地喜愛，但是到了死亡時，根本沒有任何人能真正對你有幫助；倘若心中對他們產生強烈的執著，仍舊是毫無助益。當活著的時候，神識暫時依色身安住，到死亡的時候，身、心分離，連這個色身也沒有任何的作用！在這種情形下，如果仍然有強烈的執著心的話，只會讓自己產生更強烈的痛苦，產生更多的恐懼、憂惱，而沒有任何的實質幫助。

我們要經常地思惟、了解這些道理，臨終的時候，內心自然就不會那麼強烈地貪著。如果在死亡時生起強烈的執著，不僅是對於處在投胎中陰期的我們沒有任何幫助，甚至因為對自己的肉身、財富、眷屬……等等有強烈

的執著，認爲這些都是我的，是我辛苦積聚而來的，於是當看到財富被人家享用時，內心便很容易產生非常強烈的瞋恨心。由於瞋恨心的緣故，甚至會讓亡者墮生到地獄道。縱使沒有投生地獄，也會像前面所講的：因爲心中對業力所顯現的種種外境，產生強烈的貪著，反而成爲墮生到餓鬼道的因，或者投生爲魔，再去障礙其他眾生。

四、應當對幫自己修法者生起清淨觀

特別是在中陰的時候，亡者的心識比生前還要敏銳。對於家人、親戚、朋友……等人心中的意念都能夠知道得一清二楚。

譬如有時家人或朋友爲亡者迎請法師到家中修法，幫亡者超度。在修法的過程中，修法的僧眾內心是不是出於眞正的慈悲心？或是以爲了利益有情眾生的意念來修法？修法時是不是夠專注？有沒有各種不如法的事情？這些亡者都會清清楚楚地知道，也會因此而產生各種煩惱。如果他覺察到對方的意念不正確，不是眞正爲了利益亡者而修法時，亡者本身會對修法者退失信心，甚至會對三寶退失信心，反而造作了惡業。

由於亡者屆時會不斷地在各種情境中遭受到痛苦、恐懼，他心中唯一的期盼是生前的親戚、眷屬或修行上的

同修、上師以及認識的出家眾能夠爲他做一些修法來利益他，這是亡者心中最強烈的期盼。但是當他看到親戚、眷屬爲他修法時，卻看到他們各自有不同的心態，甚至是不如法的心念。此時亡者若是產生負面的邪見或強烈的煩惱，反而會讓他墮生於惡道中。因此在這個時期，對亡者而言最重要的是：一方面斷除貪著的心，對自己生前所擁有的財富、親戚、眷屬……等等不生貪著；另一方面是對所修的一切法，要生起清淨觀。

亡者在中陰期看到對境上的種種過失時，內心應當生起清淨觀，也就是看到那些爲你修法的僧眾們，心中要如此思惟：「喔！這不是他們的過失，而是自己心不清淨的緣故。他們的身代表僧寶，他們的心代表佛清淨的意，他們的語代表佛的教法，所以他們是代表清淨的佛、法、僧。現在我看到他們的過失，只是因為自己內心不清淨的緣故，所以看到種種的不淨相。」如此思惟便不會對修法者產生邪見而退失信心，甚至產生各種煩惱和瞋心。因爲生起清淨觀的緣故，內心亦虔誠地祈請佛、法、僧三寶的慈悲加持，反而能讓我們從中陰的各種險境中得到解脫。

在這個時候要生起清淨觀，事實上需要有很大的智慧，爲什麼呢？因爲有智慧才能夠如實了知，並避免過失，增長功德。因此在中陰的時候，見到外境的不清淨，自心能夠確實生起清淨觀是需要有智慧伴隨的。

五、生前即修清淨觀

在臨終的時候，想要生起所謂的「清淨觀」，只有現在於修行中不斷地做清淨觀的修持，到了死亡時才能真正生起清淨觀──即使到時候看到各種不如法的現象，也能夠以清淨觀來看待。例如：很多人在一生中依止上師，或是因為修學的時間非常長，已經有幾個月或幾年。因為長期的相處，反而容易看到上師或善知識的過失，或是有什麼地方不圓滿、什麼地方不如法……等等。因為內心對境時只看過失，便很容易種下一種習氣──對上師產生種種邪見！這些習氣到了死亡的時候，縱使親戚、眷屬為他修法，原本是善的清淨法行，因為自己生前就有這種對上師起邪見的習氣，當他面臨這些情境時，縱使對境是清淨的，內心也會因為習氣而生起各種錯誤的見解，於是便因此而加速墮生到三惡道中。因此想在臨終時能夠生起清淨觀，現在我們就要好好地修行、一點一滴地培養正知正見。

我經常聽到這樣的情況：有些弟子非常精進，很想修行，於是努力地求法。經過五、六年的時間，為了要精進求法的緣故，他依止了非常多的上師，但是依止每一位上師的時間都很短。原因是他每依止一位上師，在學習的過程中，如果曾經看到上師有什麼缺點，他就會再去找其

他的上師。每一位上師給他的教法都有一些差異，於是他心中便產生了一種心態──我看到每一位上師不同的過失，他們都不是完美的。

事實上，任何人修學佛法，不是為了要看那些過失才去求法的，應該是因為某位上師具有某樣的功德，或具有某些特殊的才能才去求法的。所以在修學的過程中，最重要的是把握住這個關鍵──不要看對方的過失，我是為了對方所擁有的特點才去求學的。否則，如果我們自心對上師或善知識沒有真正生起信心的話，就無法以清淨的意念去對待上師或善知識，結果往往在上師身上只看到不如法或不圓滿的地方。其實，如果自心能清淨，那麼所看到的一切對境也都會是清淨的，很少會有過失。但是因為自心不清淨的關係，所以我們看到的對境或外相往往都是有缺點、不圓滿的。

在薩迦班智達所寫的《薩迦格言》裡面就有這樣的偈頌：「高尚的聖士經常觀察自己的過失，邪惡的劣者總是挑剔別人

薩迦班智達

的毛病；孔雀時時刻刻都在看著自己的身體，貓頭鷹則不斷地給人帶來不吉祥的徵兆。」一個有智慧的人會時時刻刻看著自身有什麼缺點；而一個愚笨的人卻老是去看別人身上有什麼缺點！而且往往原本是自己的過失，卻因為自己內心受到蒙蔽而看不到，並且陷在過失中而不自覺，結果他所看到的都是別人的過失。就像佛陀在世的時候，具有三十二相、八十種隨形好的莊嚴身形，但是對於一個外道而言，卻看不到佛陀所具有的殊勝特質，反而看到佛陀充滿各種缺點和過失。因此我們要時時刻刻生起清淨觀，這是非常重要的！

特別是在輪迴中真正對我們有幫助的是什麼？是從智者的身上學習他們所具有的功德和智慧！因此要常常觀察他人所擁有的才能跟功德，並努力學習之。反過來說，我們對自身的過失則經常會忽略，因此要努力發覺自己的缺點和過錯，這是修行時所應有的態度，而且跟生起清淨觀有密切的關係。同樣地，在中陰的時候也一定要生起清淨觀。

平常如果能以清淨觀去修學的話，種種善的功德自然會不斷地增長，過失則會慢慢減少。若反其道而行，卻想要在修行上進步成長，那是非常困難的。甚至連我們在日常生活中想要免除各種障礙也是困難重重的。

六、遵守四條律儀

在《中陰教法》裡有四條律儀，就是兩個不能看的跟兩個應該要看的規矩。就像這個世界需要法律來規範一樣，我們學《中陰教法》也要立一下律法，如果不好好遵守這個律法，以後在中陰的時候眞的會很辛苦。在這個世間，如果沒有很好的法律來規範的話，是無法好好發展的；同樣的，學習《中陰教法》，若沒有訂下類似的戒律，那麼以後在中陰的時候會非常辛苦，而且會遭受到非常強烈的痛楚。

(一) 不看自己的優點

在修行時非常重要的一點是：自身具有什麼樣的功德、才能或特質是不需要花時間去注重的。因為在修行的過程中，只要用心學習，各種才能和功德自然會慢慢增長。若是把心思放在這些上面，然後到處誇耀自己，除了增長傲慢心以外，根本沒有任何的意義。

(二) 不看他人的缺點

另外一點是：不看他人的過失。因為當你看他人過失的那一刻，內心只會因為發覺其過失而產生瞋恨心或者厭惡……等負面的煩惱。你無法從他人身上學習到善的、好

的優點，只是不斷地看到缺點，這是沒有意義的！而且對增長自己的才能、功德沒有幫助。

　　所以有兩點不要看：「不看自己的優點，不看他人的缺點。」

（三）觀察自己的缺點

　　在修行時有兩點需要好好地觀察：好好地觀察自己的過失與好好地觀察別人的功德、優點。觀察自己的過失能發現、了解自己的缺點，也就有機會能夠將之斷除、改正。慢慢地，自己的過失便會愈來愈少。

（四）讚嘆他人的優點

　　此外，當我們常常觀察他人的功德，讚嘆、欣賞他人的優點時，進一步地，自己便會想要學習，於是慢慢地，自己也會產生同樣的優點與功德。

　　因此這四個重點，二點是不要看的，二點是要努力去觀察的，大家一定要牢記在心。

第三節

投胎中陰後期
(臨投胎時)的顯現

一、意生身的身形開始轉變

　　一般來講，中陰的境相爲期四十九天。亡者在中陰
期間還未投胎脫離之前，前面所講的這些境相會不斷地
展現。通常以四十九天的中陰境相來講，在前兩、三個
禮拜，亡者的身形是和生前一樣的；到了後面的那段期
間，當面臨要投胎到六道中的任何一道時，身形開始會轉
換成與將投生之某一道相應的身形。

二、急於投胎

在這個時候，亡者雖然看到一個他想要安住的處所，卻不得安住；想要停留卻也無法停留；雖然看到食物想要吃，但除非這些食物是人家爲他迴向、修法給他的，要不然縱使看到也無法享用任何東西。這些情況都是由於業力的感召所顯現的，所以是隨著個人的業力而不斷地流轉。此時，他回到自己生前的處所，看到自己的親戚、眷屬，想跟他們講話，結果在談話的過程中，他得不到生者、朋友們的回應，內心便會產生非常強烈的痛苦。於是這時候他終於感受到自己已經死亡了，再加上自己無法安住在一個地方，便會有一個很強烈的心念——想要趕快找個地方去投胎，再取一個身形安定下來。

在投胎中陰的過程中，隨著時間的流逝，慢慢地，生前的各種習氣會愈來愈少，接著展現的是來生將投胎的情景，因此來生的境相會愈來愈清楚。因爲中陰期會伴隨著各種恐懼和痛苦，特別是在這個時候，亡者內心會生起「要找一個地方去投生」的意念，而這個意念也會愈來愈強烈，同時過去生的身形也將變得愈來愈模糊。例如：倘若將投生在畜生道，自身即會開始顯現爲畜生的模樣。這時候亡者的內心將更加憂惱，好像已經看到自己要墮生的地方，心中的煩惱跟憂苦便會更加強烈。再加上急著要去

找投胎的處所，各種身、心的煩惱更形糾結夾雜，因而產生非常巨大的痛苦。

　　因為亡者在這個時候是意生身，沒有實質的肉體，其心識是不定的。也因為不斷地受業力牽引、被業風吹動的緣故而無法自主，所以沒有辦法依自己的意思而安住在任何地方，於是他便不斷地被業風所吹動，如同風中的羽毛一般地四處飄盪。此時因為不得自主，無法選擇安住在某一個地方，於是亡者的內心便會產生一種焦慮的心態，急著要找一個受生的投胎處，也就是一個可以安定的地方。此時，如果他進入的是地獄道，就會展現出地獄道的現象。

三、走路方式

　　在中陰的情境中，亡者投胎的時間是不一定的，但是當亡者將投生於六道時，則會有不同的現象展現，例如：將投生地獄的話，亡者會覺得自己的頭和腳上下顛倒（頭下腳上）地行走。如果將投生畜生道，就會感覺自己的身形像畜生一樣彎下來行走。如果將投生天道的話，所感得的境相是頭向上、腳在下地行走，頭上並戴有莊嚴的頭飾。如果將投生人道的話，就像現在的人身一樣，頭頂著天，雙腳在地上行走。

四、身形

　　在這個階段的身形大小也是不一定的，前兩、三個禮拜的身形是還活著時的身形，到了後期則顯現出將投胎的那一道的身形，一般而言，大致是八到十六歲的身形。

五、六道光芒的顯現

　　當要投胎到某一道時，不僅在身形上會有一些轉變，身體的顏色也會轉變，而中陰顯現的境相也會有很大的不同，接著會顯現出六道的光芒。

(一)天道

　　如同在法性中陰時會顯現出六道的光和顏色般，同樣地，在投胎中陰時如果將投生到天道，便會展現出天道白色的光。

(二)阿修羅道

　　如果將投生至阿修羅道，會顯現出紅色的光。

(三)人道

　　如果將投生至人道，其光芒是藍色的。

(四)畜生道

將投生至畜生道的光是綠色。

(五)餓鬼道

將投生到餓鬼道的光是黃色。

(六)地獄道

將投生到地獄道的光則是黑色。

亡者自身相應於哪一道的業特別重的話，那一道的光芒就會特別明顯。

有一些人曾經說自己能夠看到眾生死後的中陰情境，有時候他們會說：「那個現象是黑色的或者是藍色的」⋯⋯等等，這大概就是上面所提到的狀況。同樣地，有很多人回憶起過去生的種種記憶時，或是很多書籍裡也曾經提到：「死亡時會體會到各種不同顏色的境相。」這些都可以證明不管是不是佛教徒，在死亡的境界中，很多情況都與《中陰教法》所說的境相十分相近。

六、身體的顏色

在這個時候，身體的顏色也會隨著自己所造的業而

變化——哪一道的業特別強，顏色就展現成那個樣子。譬如說：如果亡者將投生於天道，其身體的顏色是白色的身形。如果投生在人道，身體是淺藍色的。如果投生於阿修羅道，身體是綠色的。若將投生到人道，那麼整個外境的顏色就成為藍色的，而自身的顏色也會是藍色的。如果是畜生道，身體則是暗藍色的。如果將投生到鬼道，身體會變成如同灰燼的顏色。如果將投生於地獄道，身體會是黑色的。

　　總括而言，如果是由亡者造作不善業所感得的身形，會偏向污穢暗沉的顏色；反之，如果亡者造作的是善業，善業所顯現的力量會使其色身具有光彩，顏色也是亮麗、令人歡喜的。

　　所以像一些死去又還魂的人，都會有一些回憶的記載。如果是一個有修行的人或是大善人死亡的話，其中陰境相會變成充滿著各種的光明而令人歡喜的情境。現在有科學家利用催眠來研究人過去生的情境，當被催眠者回憶前生的時候，常常會提到的一種情況即是在光的現象當中，這大概就是他們在中陰的境相裡還沒有正式投胎前的意生身之身形。雖然他們不懂中陰期的身形……等等相關的道理，不過他們仍然能夠感受到那就是光的身形。

　　即使不是在催眠的狀態下，事實上也有人能回憶起過去生的現象，很多書籍也有記載這方面的事。這些人並

不見得都了解佛法，而且各種不同社會層面的人都有。有的人記得前生是豬，由豬再轉生為人；或是過去很多世以前是人，然後投胎為豬……等等，這種例子非常多，這也跟《中陰教法》所講的現象很吻合。例如：在投胎中陰時，如果我們將會投生為豬，身形就會跟豬相應，所看到的父、母親也都是豬的身形，這些都與《中陰教法》所講的很相近。

　　就我自己的觀點而言，在《中陰教法》中所講的這些現象，其實對照一般眾生在死亡時的現象也正是如此。雖然每個眾生此時所顯現的虛幻現象多少會有一些差別，但是所有顯現的根本道理都是一樣的。對於各種中陰迷惑現象的顯現，如果我們能夠把握要領，了解真實的本質是怎麼樣的情境，並且在任何一個幻境中都能如實了知的話，所得到的結果應該是一樣的。

第四節

投胎中陰後期 (臨投胎時)的修持法

　　投胎中陰後期的修持法，即是要遮止投生至六道的方法，有以下兩種：一個是從自身的修持來遮止，另外一個是從外境中來做選擇。

一、從自身的修持來遮止投生六道 ——觀修本尊或觀音菩薩

　　首先講亡者如何能不趨入胎門的方法：當下觀想自己平常所修的本尊，若平常沒有修什麼本尊法的人，就觀想大悲觀世音菩薩。此時觀想自身是觀世音菩薩的身形，之後如實了解本尊身相雖然具有形相，但是本質是空性的，沒有任何實質，就如同彩虹的光一樣。這樣相空無別

的身形，慢慢地消融，融入空性中，然後安住在無所緣中，自然就不會投生到六道。也就是當你看到投生六道的現象現前的時候，便做這樣的觀修，心安住於無所緣的空性中，自然就不會墮生到六道的胎門裡，這是第一種自己遮止，不入胎門的方法。

觀音菩薩

我們在這一段時間裡，最重要的是由內心虔誠地觀想平時所修持的本尊，或是觀想大悲觀世音菩薩，祈求本尊或觀世音菩薩來接引自己從中陰中得到解脫，並祈求加持自身不要墮生於六道中。在這個時候，所觀想的本尊如果顯現出來，也要如實地知道所有的顯現只是個身相，並沒有任何真實的本質，其體性是空性的。

我們觀想本尊，祈請加持之後，接著觀想本尊化光，融入空性，內心則安住於明空無別中，這樣自然便能遮止投生於六道之門。

這整個詳細的過程是：一開始先觀想本尊，再觀想本尊化光消失，之後融入空性中，進一步將自心安住於空性

西藏生死導引書 上

The Tibetan Book of Living and Dying

的境界，心無所緣，融入整個法界。虛空遍一切處，心已融入虛空，所以心亦遍一切處，乃至心遍滿法界，當下就進入遠離一切戲論的境界。心若能如實地安住，自然可以斷除投生入六道之門，而從中陰過程中得到解脫。

如果不能如前安住並得到解脫的話，接下來就進入投胎至六道的過程。在這個時候，惡業眾生自然會感得外在的境相充滿著狂風暴雪，還有各種夜叉、羅剎……等兇狠的境相，內心便感到非常恐懼，急著要逃脫這些痛苦。相對地，如果是一個具諸善業的眾生，內心則是充滿快樂的，因為外在充滿了喜悅的境相。你將會投生於哪一道，就會有相應於那一道的外相，內心的感受也會跟著起各種變化。無論這個時候顯現的境相是什麼，最重要的是要如實了知外在的境相將會引領自己投生到哪裡？內心對於投生的境相要非常清楚，因為知道之後才有辦法斷除掉投生至六道之門。縱使將要投生於六道中，也可以遮止自己不要投生到三惡道，而選擇投生佛、菩薩的淨土或投生於人道，並且是投生到有佛法、可以繼續修行的地方。

當亡者面臨投生六道的種種境相時，內心要如實地知道：這是投胎中陰的各種幻相，因此無論顯現出什麼幻相，只要專注地觀想自己修行的本尊或大悲觀世音菩薩，並向本尊或大悲觀世音菩薩祈請，而不要管外面任何幻相的顯現。

二、從外境來遮止投生六道

第二種方法是由外境來遮止自己不入六道的胎門。

（一）觀想將要投生的父、母親為上師與師母

將要投入胎門的時候，亡者會看到自己將要投生的父、母親在交合，這時他會因產生貪愛的心念而入胎。所以見到這樣的情境時，要將所看到的男、女不做男女想，心想這就是上師跟師母，心中則生起對上師的恭敬心，向上師禮敬、供養，這樣對男、女的淫慾不生起貪愛執著，就不會投入胎中，這是第一個方法。

（二）觀想將要投生的父、母親為本尊雙運身

如果前面的方式沒有辦法遮止亡者投胎的強烈意念，也可以觀想前面的男、女是本尊的身形，也就是平常修持的本尊雙運的身相；若是平常沒有修本尊的話，就觀想是觀世音菩薩的身形，繼而對本尊生起清淨信心，向祂禮敬、供養，祈求加持，藉此來遮止投入胎門。

（三）斷除內心的煩惱

如果這樣觀想仍然無法遮止投胎意念的話，第三種方

法是斷除自己的貪、瞋等煩惱意念來遮止投入胎門。

　　我們都知道有胎、卵、濕、化四種生命現象，在這四種現象中，胎生跟卵生比較相近，都是由男、女交合而產生的，所以一般胎生、卵生等人道、畜生道的眾生，在投生的時候都會看到男、女交合的幻相。當他見到男、女交合時，自然會因自心的煩惱、習氣而產生貪慾心、瞋恨心這些強烈的煩惱，因此要斷除自己內心的貪、瞋等煩惱意念來遮止投入胎門。

　　以投生人道、畜生道的現象來講，貪心和瞋心的生起是什麼樣的現象呢？當我們入胎時，如果將投生為男子的話，會認為自己是個男子，而對眼前正在男、女交合的女子產生貪愛的意念，並對男子產生嫉妒、瞋恨的意念；反過來，如果將投生為女子，則會對該女子產生嫉妒、瞋恨的意念，而對男子產生貪愛的心念。這個時候如果我們可以捨棄自己內心的貪慾以及瞋恨的念頭，就能夠遮止自己不再墮入胎門中。

　　因此，此時亡者的內心要如此思惟：「我自無始劫以來，由於貪慾及瞋心的緣故，而墮生在無始的輪迴流轉中，因而遭受各種輪迴的痛苦！如果今天面臨這種情境，我仍然隨順自己的貪慾與瞋恨心的話，將同樣地再次流轉於輪迴中。」內心做這樣的思惟之後，應當立即生起一個非常堅定的意念，決定不再隨著貪慾以及瞋恨而流轉

於輪迴中。

我們為什麼會流轉於輪迴中呢？那是因為無明的緣故。由無明鼓動貪、瞋、痴的意念，致使眾生從無始以來不斷地流轉，甚至於到現在還在受貪、瞋、痴的驅使。這些三毒的意念對我們有什麼幫助呢？事實上沒有任何的幫助，只有不斷地讓我們沉淪於輪迴裡——從過去生到這一生，永無止盡地受著輪迴的各種痛苦。這時如果因為了解到這些貪慾和瞋恨的念頭對自己沒有任何幫助，而能使自己不起貪念、瞋心的話，就能讓自己免於墮入輪迴之中，因此我們一定要生起如此堅定的意念。

由於亡者看到男、女交合時產生貪愛或瞋恨心，再因父精母血跟神識聚合的緣故產生快樂的感受而入胎，入胎之後，神識就會陷入昏迷中，然後在母體中慢慢孕育，最後出生。由於過去所造的業，也許亡者會墮生在畜生道投生為狗，或投生為豬，又或者投生為人。對亡者而言，如果不知道如何遮止進入胎門的方法或選擇受生的要領，只是隨著自己的業去投胎的話，進入母胎之後會神識昏迷，慢慢孕育身形，等到最後出生時，會好像突然醒過來一樣，發現自己怎麼會變成一隻豬？剛出生的時候因為還能夠意識到前生的情境，心裡會想：「我前生是個人，現在竟然投生為豬！」於是內心會產生非常強烈的痛苦。

　　以上是指人道、畜生道藉由父母交合，而由母親胎門出生的情形，至於地獄道、餓鬼道、阿修羅道、天道都是屬於濕生、化生的情況，在過程中不會看到男女交合，因此也不會產生貪、瞋等煩惱意念。相對地，投生到其他道時，則會展現出各自的中陰境相——如果將投生到哪一道就會有相應的境相，此時若對那些境相產生貪著，就會投生為那一道的眾生。例如將投生在鬼道的話，鬼道中各種飢餓、乾渴的痛苦……等現象自然會顯現。

(四) 了知一切皆虛幻不實

　　如果第三個方法仍然無法遮止自己有進入胎門的意念的話，就要進一步用第四種方法：如果亡者能夠了解眼前所看到的任何境相都是虛幻不實的、沒有真實的體性的話，當下就能遮止自己墮入胎門。此時所見的一切境相，包括：正在交合的父母，在背後驅迫而自己不斷地逃避的強烈業風、兇狠的夜叉、鬼卒……等等恐怖的現象，以及狂風暴雪之類的中陰景象，甚至是自己的意生身……等等，這一切的本質都是不真實的，就如同夢中的境相、水中的月影與鏡中的影像一般虛幻不實，都是因為內心迷惑的緣故，而將它執為真實的情境。所以如果你能如實地了解這些情境都是虛幻不實的，立刻就能遮止自己

墮入胎門。

　　在中陰境界中的各種幻相都是由我們自己的業力感召而顯現的，因此沒有真實的體性。不僅這些外境是不真實的，甚至在中陰的境界裡，我們自己認為存在的這個心也是不實的，是如夢如幻的。只是在中陰的迷惑中，把「無」視為「有」，本來就沒有一個真實的心，我們卻將沒有的執為有，將不真實的執著為真實的，於是就顯現出各種迷惑的境相，因而流轉於中陰的情境中。

　　我們此時應該進一步地思惟：「**我們從過去無始劫以來，由於執著外境是真實的，也執著我們自身是真實的，由於能、所二執的迷惑，令我們造作了各種的惡業，因而流轉在輪迴中遭受痛苦。現在我們在中陰的情境時，如果又同樣陷在能、所二執之中，將永遠沒有辦法得到解脫！**」因此我們要特別了解所執的外境以及能夠執著的自己都是虛幻不實的，沒有真實的意義，是如夢如幻的，繼而藉由如此的確信來遮止自己墮入胎門，從而得到解脫。

　　佛陀說：「**一切法都是不真實的。**」他還用了十個比喻來讓眾生了解一切法是不切實的，我們的能、所二執也是沒有真實本質的，所以在中陰裡所顯現的各種幻相，本質亦是如夢如幻。在中陰期所感受到的非常劇烈的地、水、火、風四大之聲音，以及外在的夜叉、鬼卒砍砍殺

殺的聲音，還有各種兇狠恐怖的境相都是虛妄不實的，如幻、如夢、如空谷中的回音、如乾闥婆城、如陽焰、如鏡中的影像，如水中的月影、如虛空、如光影、如化（天人以神通力變化成的人形）。（此十喻乃出自《大般若經》卷一）因此在中陰的境相中，我們要如實地確認一切諸法都是虛幻不實的。

　　這時候如果亡者的心裡能夠生起確定的認知：「所有的現象都沒有真實性，都是虛幻不實的！」並將心如是堅定地安住在這種確定之中，就能夠降伏我執的生起。沒有我執的生起，一切的幻相就能夠降伏，而在投胎中陰期恐怖、害怕的意念也能夠消失，就不會墮入胎門了。這就如同我們在作夢時，如果能夠知道自己原來是在夢中，夢中一切的迷惑、恐懼的心就會止息，便不會遭受痛苦。同樣地，在中陰的情境中，能夠如實了知一切虛幻的境相，與自己內心的種種痛苦及恐懼的遭遇都如同夢中的境相，二者毫無差別，自然就能從中陰的痛苦、恐懼中解脫。

（五）觀修光明

　　如果藉由第四個方法——觀照一切諸法不實如幻的方式，仍然無法遮止自己投生胎門的意念，就要進一步藉由第五個方法去觀修光明。

如何觀修光明呢？這時候亡者的內心要生起這樣的觀照：「輪迴裡一切的有為法都是由自心所造作、所現起的虛幻現象，而心的本質就是空性，是遠離生、住、滅的。」既然一切法都是由自心所現起，於是內心不要再有任何的造作，應該完完全全、自自然然地安住在心的體性中，就如同把水倒入水中一般，自然地安住空性之中。

前面到現在所講的各種方法，在每個過程當中，如果沒有辦法止息自己投生胎門的意念，而一直想要投入胎門，內心就要不斷反覆地做這樣的思惟。在觀修光明的法門時，要讓心如實地回到空性的體性上，毫無造作地安住在空性的體性中。如果能夠如此安住的話，自然就可以遮止胎、卵、溼、化四生的胎門。

三、選擇正確的投生 ——往生淨土或 投生人道

須彌山及四大部洲圖

（一）選擇正確的胎門

錯失了這段時機，如果亡者仍然無法阻止自己墮入

胎門之中，就要進一步把握住另一個要領——如何選擇正確的胎門？在選擇正確的胎門這個階段，首先我們要了解什麼樣的情境會投生到什麼地方。既然我們要選擇投胎的胎門，就應該知道投生在六道各個處所之前，各自會顯現出什麼境相。

1.投生六道時顯現的境相

(1)人道

首先我們先講投生爲人道時會顯現什麼樣的境相。投生爲人道有東、南、西、北四大部洲的差別。

A.東勝身洲

投生在東勝身洲時，亡者所看到的境相是一個優美的湖泊。在湖泊中有許多雌、雄的鳥類。這時如果亡者的內心非常歡喜、執著在這個景像而進入這個地方，就會投生在東方的東勝身洲。所以此時亡者要提醒自己千萬不要投生在東勝身洲！雖然在這個部洲的生活非常快樂，但是卻沒有佛法，所以要提醒自己不要投生在東勝身洲。

B.南贍部洲

若投生在南贍部洲，亡者會看到的境相是有一棟非常華麗的房子。如果一定要投生的話，因爲是投

生爲人，所以南贍部洲在四大部洲之中是可以考慮做選擇的地方。就南贍部洲而言，如果和其他三大部洲比較起來，因爲業感所成的緣故，在這個部洲上的眾生，其壽命、各自所擁有的財富、生活資具與所享受的境相都是不定的，但是也正因爲這樣，所以此洲的眾生比較容易從這樣的境相中生起覺悟。同時南贍部洲有佛法住世，投生在此洲可以聽聞佛法，所以南贍部洲是在四大部洲之中可以選擇的地方。

C.西牛貨洲

若亡者可能投生在西牛貨洲時會看到一個湖，湖邊的草地上有很多雌馬、雄馬。如果亡者喜歡這個境界而投入其中的話，就會投生在西牛貨洲中。雖然西牛貨洲是一個物質生活非常豐裕、有各種財物可享用的地方，卻沒有佛法住世。如果投生在西牛貨洲，就沒辦法經由修行來斬斷自己輪迴的根源，也沒有辦法眞正地解脫，因此雖然這是一個不錯的地方，自己卻要自我提醒：「不要投生在西牛貨洲中！」

D.北俱盧洲

若將投生在北方的北俱盧洲時，亡者會先看到一個湖，湖邊有很多牛群以及各種牲畜。亡者如果喜歡這個境界的話，就會投生在北俱盧洲。這個地方

的人們雖然非常長壽，財富也相當富足，但是也一樣沒有佛法，所以沒有辦法修行，更無法斬斷輪迴的根源，因此也要提醒自己：「不要投生在北俱盧洲！」

(2)天道

亡者若將投生在天道的話，會看到由各種珍寶所建造而成的華麗宮殿。這時候如果亡者因為喜歡並走進去的話，就會投生在天道。雖然天道具足了各種喜樂，沒有痛苦，一切的財富資糧都非常圓滿，但是對大部份的天人而言，都只會沈浸在這種喜樂中而不修行，因此這並不是一個很好的投生處。

(3)阿修羅道

亡者若將投生到阿修羅道時，會看到前面有樹木、林園，接著還會看到火光以及各種的旋轉火圈……等情景。這時候亡者要提醒自己：「不要投生其中！」一般而言，這是由於亡者的嫉妒心非常強烈，所以使他因為自己所造的惡業而投生在阿修羅道。由於嫉妒心的惡業熾盛，在這個地方會不斷地發生戰爭，使大家都蒙受戰爭的痛苦，因此要避免自己墮入阿修羅道。

(4)畜生道

若將投生到畜生道，這時候的境相是：亡者會看到

山洞、草堆等情境，此時一定要遮止自己投生在畜生道中。當亡者墮入畜生道之後，將會遭受愚痴、黯鈍……等等痛苦。

(5)餓鬼道

亡者將投生到餓鬼道的時候，會看到眼前有一塊、一塊的木塊，或是鋸成一段、一段的木頭，或者是被火燒焦的一段、一段的木塊，而地上到處都有很深的洞穴或是一個個黑暗的地方，如果你進入了這種地方，將會投生在餓鬼道中，遭受餓鬼道的飢渴痛苦。因此要提醒自己不要投入餓鬼道。

(6)地獄道

亡者將投生到地獄道時的外境是看起來非常黑暗的，有著黑色的房子，地上還有很深的黑暗洞穴，如果陷入這種境相裡，就會投生在地獄中，繼而受到冷、熱地獄的各種痛苦。

2.六道中應選擇人道

進入六道的胎門之後就沒有辦法再回頭了，並且一定會在那一道受生。因此在還沒進入六道的胎門前，自己要好好地想：「在六道之中，沒有一個地方是沒有痛苦的！」所以我們常講：「六道輪迴的本質就是痛苦。」

在六道中如果要比較的話，天道比其他五道快樂，

痛苦比較少；但是如果以眞正修行的角度來講，人道是最好的，如果我們要選擇投生的話，人道才是最適合的地方。雖然人道充滿了生、老、病、死……等無數的各種痛苦，但也因爲這些痛苦，我們才能經由對痛苦確實覺知而進一步地走上修持之道，也才能證得究竟解脫的喜樂境界。因此在六道中，人道是最好的投胎地方。但是如果投胎在人道中，卻沒有修持佛法的話，那也是沒有任何意義的。

（二）受業力驅使而無力選擇投生處所時 的境相與修持法

1.境相

亡者在投生的過程中會有兩種情況：一種是自己沒有任何選擇的能力，只是受著業力的牽引而去投胎；一種是自己能選擇投生的處所。

在第一種情況中，亡者面前顯現出來的是非常恐怖的境相，前面會有閻羅、獄卒帶領著亡者前去投胎受生，而背後則有狂風暴雪的境相。這些獄卒拿著刀、槍驅使著他，使他在驚慌失措下四處逃脫，因而墮入六道的胎門中。

在這種情況下，亡者受到後面無數的恐怖境相所驅

迫，所以心裡不斷地想要逃脫。而在逃竄的過程中，縱使前面所講的六道境相顯現在他眼前，他也沒有任何選擇的能力，只是受到業力的驅使，自然就投生在某種情境中，這是一種自己沒有辦法自主的投生。

由於受著後面夜叉、鬼卒的驅使，亡者的內心會非常驚慌，於是四處逃避。這時也許他找到了一個地方，並且躲在那裡，就像前面所講的投生六道的各種境相，或是躲在一個山洞、一堆草堆……等等之中，進去之後，就是進入六道之門。因為之前內心的恐懼驅迫的緣故，當他找到並躲進一個地方時，內心便會生起一種比較安全、舒適的感受。當他想到外面的恐怖境相時，根本不敢再跑出去，而會覺得躲在這裡比較好，於是就進入該處而長期住在那裡。這些地方有些是六道的生處，有些地方既不是六道的生處，也不是向上解脫的淨土，只是中陰的幻相。亡者長期躲在中陰的境相中，內心則充滿了各種的恐懼和痛苦，這種情況也是有的。

2.修持法

在面對這樣的情況時，我們應該如何修持呢？此時最重要的是馬上觀想自己平時修持的本尊，或者觀想忿怒本尊，如馬頭明王、金剛手菩薩……等等。這些忿怒本尊的身形非常巨大威猛，我們應該祈求他們的加持。當我們

見到在後面追趕的兇惡獄卒、夜叉……等等因為看到忿怒本尊而不敢靠近自己時，自然就會消除驚惶、恐懼的心理。

（三）選擇投生的處所

在此之後，應該先遮止、關閉我們不應該去投生的六道胎門，然後再選擇應該投生的處所——第一個是佛的清淨剎土；另一個是選擇投生於人道。但是所投生的地方必須是遠離各種缺失的人道處所，因此最好是選擇佛的清淨剎土。

1.選擇往生佛的淨土

如何選擇往生佛的清淨剎土呢？當前面六道的胎門以幻相顯現的時候，我們的內心要這樣思惟：「我們從無始劫以來，不斷地在六道輪迴裡流轉，並且在六道輪迴裡受到無盡的痛苦，所以我今天一定要祈求往生到佛的淨土！藉著往生到佛的清淨剎土來究竟斬斷一切輪迴的痛苦！」此時在我們的內心要生起如是的堅定意念。

在投胎中陰的階段能往生到何種佛的淨土呢？此時能夠往生佛的化身淨土，這些化身淨土包括：金剛不動如來的東方妙喜淨土、阿彌陀佛的西方極樂淨土、觀世音菩薩的普陀拉淨土、寶生佛的南方眾寶莊嚴淨土、不空成就

佛的北方無上妙行成就淨土……等等的化身佛淨土，還有彌勒菩薩的兜率內院淨土，這些都是我們可以選擇投生的。

在這些淨土中，最容易往生的是西方阿彌陀佛的極樂淨土。所以在這個時候，自己心裡如果能夠專注地觀想阿彌陀佛並祈求往生極樂淨土，便能夠立即往生，而且往生極樂淨土後能夠獲得極大的利益。這是因為阿彌陀佛在最初修行時曾經發大菩提心，再經過無量劫的積聚資糧，最後才成就極樂淨土。由於阿彌陀佛大悲願力的緣故，因此眾生往生極樂淨土非常容易。同時往生到極樂淨土之後就不會再退轉，更不會墮入六道的胎門中。因此對所有的眾生而言，西方極樂淨土是一個非常容易往生又具有大利益的淨土。

2.選擇投生人道

亡者在選擇投生於人道時，要選擇一個種姓好的地方投生。在意生身的時候，我們具有由業力帶來的神通力量，所以要好好地利用神通力來觀察投生的地方是不是有正法住世？是否為有正法弘揚的處所？而我們所要投生的父、母親之品行如何？他們是不是真正具有慈悲心、喜歡行持善業？我們若投生在這個地方的修行因緣會是怎樣的情況？以上這些，我們都要好好地去觀察。

(四) 修行人有能力選擇投生的處所

　　對大部份的人來講，在投胎中陰的過程中會產生想趕快找一個地方去投胎的強烈意念，也因為這種意念的驅使，令他不斷地在投胎中陰時尋找投胎的地方。但是大部份的眾生之投胎是不由自主的，都是隨著自己業力的牽引，甚至一看到父、母在行房就墮入胎門，自己毫無選擇的餘地，隨著業力的牽引就入胎。

　　然而對一位有修行的人來講，如果他了解《中陰教法》的話，在這個階段時就有一些自主力，可以依照自己的觀察來選擇進入哪一個投胎處。此時他不會受到業力的牽引而胡亂投胎，而是選擇投生在一個真正對修行有幫助、對眾生有利益的地方入胎，因此修行人本身有這個能力可以按照中陰的要領去選擇投胎在一個好的地方。

(五) 投胎的故事

　　在投胎中陰的過程中，我們所具有的意生身擁有很強大的意念，因此，也有一些特別的機緣可以很自在地去投胎。有一個真實的故事是：在四川有一家人，他們最大的兒子流落到遠方的青海果洛這個地方，因為非常遙遠，特別是在那個時代，交通相當不方便，結果大兒子

到了果洛，就在當地落地生根、結婚生子，再也沒有回到父母親的家鄉。而家中的老母親因為內心非常想念這個大兒子，所以不管走到任何寺廟，當她見到上師、喇嘛的時候，都祈願他兒子能夠回到家鄉，好讓她再看到他兒子一面。可惜的是一直到這位老婆婆死亡時，大兒子都沒有機會回到家鄉。結果老婆婆死了之後就投生到她大兒子的家中，成為他的家人。

這位婦人由於內心非常想念他的兒子，每一次去參訪寺廟、拜見上師的時候，都不斷地祈求能再見到她的兒子，而她自己也很用功地唸誦六字大明咒。因為這個因緣，所以死後投生在她大兒子家中，成為大兒子的孫女。這個小孩子出生後，能夠很清楚地記住她前生各種的事情，甚至後來爺爺（大兒子）、奶奶和父母帶著她回到家鄉探親時，路要怎麼走、還有家鄉裡的人她都認識。

他們家人去請示一位祖古，問道：「這是什麼情況？為何她能夠記住她過去生的事情？」這位祖古對於觀察過去生有特殊的能力，所以很清楚地知道這位小孩子以前的情況——老婦人家過去生以及這一生的各種情形。那時候她過去世的大兒子（此世的爺爺）的年紀已經滿大的，但是她卻叫自己的爺爺是「我的孩子」。在這個小孩子的記憶裡面，她記得死亡以後，騎著一隻白龍到她兒子住的地方，昏迷之後就投胎為他過去世大兒子的孫女。為

什麼會騎龍呢？因為她出生那一年正好是龍年，這實在很奇妙。所以在中陰的過程裡，如果我們能確實把握投胎要領的話，要找一個好的投胎處所是相當容易的。

(六) 投胎時的觀修法

亡者應該如何選擇適當的父、母呢？這對父母本身最好是對佛法有信心的、有善業因緣的。當亡者要入胎時，要觀想母親的胎中是莊嚴的宮殿——越量宮；而在入胎時要祈求十方諸佛、菩薩，特別是自己修習的本尊或是觀世音菩薩的慈悲加持，向祂們祈求給予灌頂。當領受完灌頂加持後，就安心地進入胎中。

亡者也可以做這樣的觀想：看到自己的父、母親，將其觀想成是本尊的身形；到了要入胎的時候，便觀想自己是本尊——不管是平時修習的本尊或是觀世音菩薩，主要是依本尊的生起次第部份做觀修，觀想自己即是本尊，進入了母親的胎中，母親的子宮則是本尊莊嚴的淨土。藉著這樣的觀修與心念進入胎門的話，自然可以改變投胎的情況。

(七) 選擇胎門時不要生起貪、瞋之心

有時候因為亡者本身過去所造惡業的影響，縱使遇到一個很好的投胎處所，但是因為惡業的緣故，在他眼中

看到的卻是個不好的、不喜歡的處所。如果亡者用這個方法去觀修的話，好的胎門不會轉變為不好的，但是不好的胎門卻會轉變成好的投胎處所！所以在選擇入胎的過程中，非常重要的一點是：內心不要生起貪、瞋的意念。也就是說：在選擇胎門的時候，對於很好的胎門不要生起強烈的貪著心；而對於一個不好的生處，也不要生起瞋恨的意念。如果在投胎的過程中產生強烈的貪、瞋意念，反而會讓你墮入餓鬼道。

第五節

把握人身如實修行

　　對我們大部份的人來講，無論當時是自己選擇胎門來投胎的，或是受著業力的驅使而投胎的，至少現在大家都得到了暇滿的人身，但是得到了寶貴的人身之後呢？最重要的是要好好地把握人生，致力於正法的行持。

　　在我們修持的過程中，一切法門的本身並無所謂好、壞的分別；但是因為方便善巧的差異，有些法門在修持之後，能夠很容易地生起相應的覺受證悟，也很容易從中契入解脫。這些既容易修持、

格魯派的創始人——宗喀巴大師

又容易得到解脫、並能成就廣大利益的深奧法門，我們在接受之後就要好好地去修持，否則在此生之中，想要在八萬四千法門裡選擇修持的法門是非常困難的。因此今日能夠遇到這麼一個既深奧、又非常容易修持，還能夠得到解脫的法門——中陰解脫教法，我們就應該要好好把握。

宗喀巴大師曾經講：「**對修行而言，知道如何修行的方法比修行更重要！**」如果大家只知道要精進地去修行，卻不知道該如何確實依止各種深奧的要領去修行，那麼縱使你在一生之中花了很長的時間去努力修持，卻沒有把握到修行的要領，也不見得能夠得到多大的利益！反過來講，如果對於修行的要領能夠如實地了知，更進一步地把它運用在修行上，也許我們沒有很多的時間，也沒有辦法非常精勤地去修持，但是因為我們對修持的法門有深入了解的緣故，所以可以用很短的時間與很少的功夫，就能夠成就修行的果位。

我們在清淨惡業上面也是這個樣子。對智者而言，雖然他也會造業，但是他所造的業是很容易懺除掉的；但是對一個愚痴者而言，雖然他造的是小小的惡業，但是卻由小的惡業而感受到非常激烈的惡果！這是為什麼呢？因為有智慧的人知道懺悔的要領與懺悔的法門，因此縱使他不小心造了惡業，他也能馬上用懺悔的法門來加以清淨；可

是對愚痴的人而言，雖然他所造的惡業非常小，卻因為不知道該如何淨除、懺悔自己的惡業，所以當小的惡業現起的時候，再加上自己當時煩惱、無明的驅使，便會使小的惡業進一步造作出更大的惡業。

　　在世間法上也是如此，譬如我們做事的時候，如果能夠知道並把握做事的方法與要領，就能夠很容易地將事情圓滿完成。但是如果不知道這件事要從什麼地方做起，也不知道要領，就可能會花費很多時間，甚至到最後還一事無成！所以深入了知修行的法門是很重要的。

　　在聽聞教法的時候，不僅僅是對於《中陰教法》而已，甚至於其他的教法，當你生起非常想要學習的意念時，自己就要好好把握，持續努力地在該項法門上深入了解，更進一步地如實修持。如果能透過正確的聞、思、修次第和要領，也沒有顛倒、錯漏地實際修持，一定能證得究竟解脫的果位！

　　對於《中陰教法》，我們能這樣去聽聞、思惟，進一步地將它用在修持上面，在未來一定能夠藉著這個法本身的加持力，以及我們精進修行的力量而得到解脫的！

第六節
本章問答

一、意生身是在中陰的哪一個階段？如果是在法性中陰的
　　時候，看到文武百尊就很害怕了，那有機會回到家裡
　　去看家人？

答：事實上應該這麼說，在法性中陰結束之後，開始會有
　　剛剛所講的這些現象。

二：一般來講，亡者不是有三天會在昏迷狀態中，醒過來
　　以後才開始有意生身嗎？

答：對，法性中陰期的顯現長短是不定的，並不一定是凡
　　夫的天數或是禪定的天數，這是不一定的，有些人甚
　　至法性中陰顯現的時間很短，但是為了能讓大家有比
　　較具體的理解，所以也可以說是大約三天。法性中陰
　　的顯現並不是一整天都在顯現那些境相，所以當法性
　　中陰的狀況顯現又消失的時候，亡者就會有可能有因
　　緣跑回家裡去。

三、在法性中陰的時候，看到文武百尊來照射我們，如果在那時我們有業力來障礙，錯把惡魔當成忿怒尊，則他們會不會和我們有什麼牽扯？我們會不會錯將惡魔當成本尊而做出錯誤的判斷？

答：是有可能會有這樣的障礙，所以要做超度法來為亡者超度、淨除障礙。在一些經典裡也曾經提到：「要得到解脫會讓天魔不高興，所以在修行的過程裡，魔會來障礙行者。」同樣地，在中陰解脫過程當中，也會有這樣的現象。

四、那應該怎麼辦呢？

答：在法性中陰的時候，這種障礙造成的結果是引誘我們趨入六道中，因此無法趨入本尊所顯現的智慧光。同時也會出現誘導我們契入六道輪迴的柔和光芒，並不是說魔會顯現成本尊的形相來欺騙我們。

五、魔會如何引誘呢？

答：會影響我們的心念，讓我們自然地對六道產生歡喜心，對解脫道心生厭惡，因而產生錯誤的判斷。

六、神識和肉體分離的正確時間是什麼時候？

答：如前所說，大約三天，但每個眾生的時間長短不一。

七、迴光返照是在哪一個階段？

答：有些人會有這樣的現象，比如說原本病得很重，快要死了，卻突然覺得身體清爽起來，也可以站起來，不過之後就面臨死亡，這種情況是有的，但不是每個人都有這樣的情形。這種現象一般都是在臨終中陰之前顯現的。

八、臨終的時候，如果冤親債主來找麻煩，我們在中陰的時候會不會跟他們打架？

答：事實上對一般不知道修行的凡夫來講，在臨命終時，被冤親債主找上並製造各種的障礙時，內心會生起強烈的瞋心，而且想著要如何對抗。但是這種瞋心的意念只會令他加速墮入惡道中，並沒有任何實質的幫助。此時，每個意生身的心念是不定的，因為受到業風的驅使，所以並非在一個很安定的地方。

有一個西藏的故事是：有一位名叫阿達多瑪的一個流氓，一天到晚惹是生非，與人爭執、殺害別人。有人便勸誡他要好好學佛，否則死了以後在三惡道中會很痛苦。他說：「我根本不必學佛，如果我死掉了，有羅剎要來帶我去地獄，我會先跟他好言相向，請他不要帶我去地獄；如果他們不聽我的，仍然要帶我

去，那我就逃跑；如果不能逃跑的話，我就跟他們打架。」後來他死了以後果真墮入地獄，因為業力的驅使，根本沒有一點轉圜的餘地。

九、前面提到：「在中陰時，冤親債主或惡魔會以誘惑的方式來迷惑我們。」他們是讓我們不能判斷文武百尊或六道的顯現？還是說我們可以判斷什麼是文武百尊與什麼是六道，只是他們會影響我們的喜好？而這個時候我們該怎麼做比較保險？

答：就是因為有這樣的障礙，才會使我們不能覺知文武百尊的顯現，甚至對境相的顯現產生恐懼，想要從中逃脫。因此為了要淨除這樣的障礙，在我們活著的時候就得要好好修行。在臨命終時，要好好地憶念生前的修行和修行的要領，並且向自己的上師及本尊不斷地祈請，還要憶念所有的境相都是自己心的顯現，必須持續不斷地憶念這些要點。

十、仁波切講亡者在臨終後的三天中意識是昏沈的，而三天或三天半之後，開始有意生身的出現，此外又提到法性中陰是在意生身之前，這是不是表示法性中陰是出現在我們意識最昏沈的時候？

答：剛剛所講的三天或三天半是一般的講法，三天以

後，亡者由昏迷中醒來時開始有意生身。實際上在法性中陰開始時已經有意生身了，並不是說法性中陰結束了以後才開始有意生身。

十一、如果往生者沒有受過《中陰教法》，我們在他耳邊解說教法可以嗎？如果像我這樣已經受了《中陰教法》，在我往生的時候，是應該請家人放文武百尊的心咒還是阿彌陀佛的咒語比較好呢？

答：對生前完全沒有聽過的人，在他耳邊講解中陰情境也會對他會有很大的幫助，也許藉由這《中陰教法》的力量，可以幫助他在中陰的過程中得到解脫；縱使不能解脫，也可以在其八識心田中種下很好的習氣。

至於第二個問題，阿彌陀佛的心咒或是文武百尊的心咒在本質上是沒有差別的，在這個階段，最好是不斷地回憶中陰的教理，或安住於平常修行的法門中。

十二、是否有些亡者會托夢，希望家人幫他燒紙錢或是為他做些什麼事？

答：因為整個投胎中陰的境相都是我們自身的業力、因果所展現的，因此同樣地會有苦樂的差別，這些情形確實是有的。但是那個情境應該不是像我們的人間一

般，有社會、有不同的階級……等等。

之前講到在投胎中陰的狀況之下，意生身是居無定所的，一般是在空曠的地方隨著業風吹動，之後則在墳場或是其他地方剎那、剎那地變動，並沒有辦法長期安住於某處。同時在那種情境中，他的友伴也不是像我們如此能夠長久聚在一起，而是受業風所不斷擾動的，因此應該是與我們現在的社會結構不一樣的。他吃的東西是以食物的氣味為主，而且要自己的親戚、眷屬有供養才有得吃，沒有供養就沒得吃，這些都是不定的。在意生身的這段期間，如果子孫為亡者修法，將功德迴向給亡者的話，由於迴向的力量，亡者才能得到食物與財物的受用，否則就得不到這些受用。因此在中陰的期間，神識就是為了這幾件事而不斷地處在忙碌與恐懼之中。

十三、既然是意生身，為什麼還會有鬼卒可以傷害他？

答：事實上就像我們在夢中的情境一樣，在夢中一樣是意生身的身形，沒有血肉之身，但是在夢中因為無明迷惑的緣故，當夢到鬼卒來傷害我們時，我們也會感受到被殺害的痛苦。縱使我們是意生身，沒有一個實質的身體，一樣也會感受到痛苦。

十四、若亡者意生身被傷害，當他尚未投胎時，被傷害的
　　　傷痕會存在嗎？還是會變成什麼樣子？

答：因為是業的展現，所以雖然在當時是顯現出那樣的幻
　　相，但是實質上則沒有一個真實的東西被砍斷掉，
　　因此砍斷了會再增生回來。所以觀修空性的力量即在
　　於──能在中陰時如實了知那是自己在當時受業報所
　　顯現的幻相，一切皆是虛幻的，意生身也是虛幻不實
　　的。若能如此了解並安住在空性裡，當下就能遠離這
　　種恐懼。

十五、中陰是意識嗎？或者中陰和意識是什麼關係？

答：「意識」或「識」是任何一個眾生所具有的覺知或心
　　識，我們稱為「識」，如人的識、畜生的識。但是中
　　陰的意生身不單單只是識，由於業力的展現，還具有
　　虛幻的身形。因此識與虛幻的身形一起存在的這種情
　　境我們稱為意生身。意生身本身就具有識的作用。

十六、我們活著的時候就具有中陰，因此我們活著的時候
　　　的意生身應該也有一個意識，那個意識和我們現在的
　　　意識一樣嗎？

答：我們現在的意識和睡夢中的意識兩者的意識之流可
　　以說是同樣的。事實上，我們對意識產生錯誤的迷

惑，如同流水一樣。我們現在看流水從上游流下來，但是去年的流水已經和今年的流水不一樣了，但我們卻會認為這是同一條河流。我們認為這兩種意識是同一個，但是意識是剎那、剎那之間變換的，上一刻的意識已經過去，下一個意識接續上來，外相上看起來好像是同一個相續之流，沒有間斷，其實我們的意識是剎那、剎那在轉變的。從凡夫迷惑的情況而言，會認為我們意識的相續之流是同一個意識。

十七、在臨終中陰或法性中陰的時候，都還會有佛菩薩的顯現，那麼在投胎中陰的時候有沒有這樣的顯現？中陰期的眾生要如何做才可以得到成就？

答：這有兩個層次的修持：一個是極樂淨土的修持法門，第二種是遮止投生三惡道之門而選擇投生於三善道。至於投生在善道裡面，也還有避免投生到不好的環境的方法。例如投胎的時候，再次投生於六道時所看到的景象，並不全都是父、母親在交合然後自己就進入母胎中出生，也有可能是在中陰的狀態下遇到狂風暴雨，心裡非常恐懼，想要找地方躲避，於是看到前方有個山洞，就躲到山洞裡，結果就投生至鬼道；也有的是看到一棟房子便很高興地走進去，結果馬上投胎到某一道去。

對於《中陰教法》所講的：如果將投生天道會產生什麼樣的歡喜情境，這時候如果進入，就是投生天道；有什麼樣的境相走進去就是在人道……等等這些教授，我們心裡要好好地理解並記住，以後當我們面對中陰的情境時，就能夠有這樣的覺知，知道該如何避免墮入惡道中，並選擇好的投生之處。

十八、若是亡者進入法性中陰或投胎中陰的時候，他的親人為他供養三寶或是做超度法會，對他會有什麼樣的影響或幫助呢？這樣做可以讓他解脫嗎？

答：藉著修法能夠去除亡者在中陰時所遇到的恐懼，甚至淨除他在中陰時所遭受的飢餓痛苦。如果他生前所造的惡業足以墮生惡道，也可以藉由修法來避免投生惡道，而改往善趣去投生。

就像在密勒日巴的傳記中講到：密勒日巴在亞囊這個地方，平均約有半年在山下，到了冬天就到山上去。有一年秋天的時候，尊者又到喜瑪拉雅山上去修持。那一年的冬天，大雪封山的時間非常長，又沒有吃的東西，於是山下的弟子心想：「上師可能凍死在山上了！」他們的心裡很難過，就為上師舉行薈供與煙供的修法。到了第二年，弟子上山找密勒日巴的屍

體，上山之後發現密勒日巴還活著，心裡都非常高興。當他們與上師言談時，密勒日巴說到：「在去年某個時候，我覺得身體裡有很多的營養，肚子很飽，體力充足。」那個時間正好與弟子在山下修薈供的時間相吻合。由這個例子可以說明中陰期間爲亡者修法也是有這樣子的效果。

十九、亡者在中陰身之後不是都會投胎了嗎？爲什麼有些人在親屬往生二、三十年了之後還會夢到亡者或感應到亡者有事要交代？這樣的狀況是否是意生身仍然在展現神通？

答：之前一開始就講到中陰的時間是不定的，對一般人來講是四十九天，有些人則長到幾百年。現在人的壽命可以活到一百歲，事實上有的人活得長，有的人活得短，壽命也是不定的。

第五章

睡夢中陰

按照睡夢中陰的教授，要修持睡夢中陰時，首先在白天要修「幻身」，在晚上睡覺的時候要修「夢瑜伽」。有了日間幻身的修持及夜間的夢瑜伽修持，再進一步修「光明」。

第一節

幻身修持法

幻身修持法包括兩種：一種是不清淨幻身的修持法，一種是清淨幻身的修持法。

一、不清淨幻身的修持法

我們首先依止一個寂靜處去修持（如果沒有寂靜處也沒關係，自己平日修持的佛堂、壇城即可），於修法處安坐於法座上，先發菩提心：「爲了究竟利益一切有情眾生的緣故，而修持幻身法。」發心之後向上師、三寶祈請加持：「請加持我在這一座的修法時能夠如法地安住於如幻中。」

要怎樣修幻身呢？平常我們認為一切法都是真實的，也都是恆常的。因此在思考與言談中，總認為外在的一切法都是實在的，並將其執著為恆常不變的。但是一切法，其本質是離一切戲論的，就如同虛空一樣，遍一切處，亦無所住，是離有、無兩邊的。從勝義諦而言，一切法是不實的、虛妄的、如夢如幻的，但是我們凡夫卻將無執為有，將無常執為常，將不真實執為真實，所以長期在輪迴中流轉。因此我們應該了解：「一切法的本質並不像我們所執著的那樣，而是如同鏡中影像一樣，是沒有真實性的，甚至一切的有情眾生也是如同鏡中影像般地虛幻不實。」當我們了解能執、所執的一切境相都是虛幻不實的之後，應該確實地去思惟、領略這個道理，最後便自然能夠證悟。

(一)由觀察鏡中影像而了知此身無實

　　為了修持幻身以了悟一切法皆無實的義理，我們可以在修法處的前方放置一張桌子，在桌上放一面鏡子，自身則如同平常的穿戴一般，將自身映照在鏡子中來觀察自己的影像。然後對著鏡中的影像獻上各種的讚頌，如同讚佛一樣地稱讚鏡中的影像，之後再觀想自己供養很多莊嚴的飾品給鏡中之影像。

1.觀察、比較鏡中影像與自身二者之心念的差異

接下來我們便觀察鏡中人有沒有因爲你的讚頌、供養而心生歡喜？或是因爲不如法而起煩惱的意念？當我們觀察鏡中的影像時，鏡中人無論如何地被稱讚、供養，都不會起任何歡喜或是不好的心念。接著再回過頭來看看自己——除了自身有比較強烈的執著心以外，其實自己與鏡中影像在本質上是一樣的！此時我們要這樣思惟：「我們通常會認爲鏡中的人只是影像，跟自己不一樣。我因爲具有強烈的執著心，所以人家稱讚我的時候會歡喜，毀謗我的時候會很難過。其實我與鏡像內的人本質是一樣的，是不眞實的，所以我對外境起高興或煩惱的意念是非常顛倒的！」

2.由了知色身無實而放下執著

接下來我們再進一步地思惟：「這個色身其實是由因緣聚合而成的，只有身相，並無眞實的意義。」透過這樣的方式，我們可以理解到：「鏡中的影像是不眞實的、是虛幻的，眾生因爲迷惑的緣故，才對自己產生強烈的執著。」當我們的內心眞正了解虛幻的義理，並生起「一切法都不是眞實的」這種確信之後，就能將原本強烈執著的意念放下。

藉著這種修持方式，我們長時間地觀察鏡中的身像，之後再比照自身，就可以了知其實自身就如同鏡中人一樣，二者其實毫無差別。如果我們對著鏡中的影像讚

嘆或供養，鏡中的影像根本不會生起歡喜或是痛苦的心念；再反過來看看自己，人家讚嘆或是責罵自己時，我們會不會心動？會不會起歡喜心？會不會因為別人的毀謗而憂傷？給鏡中影像任何的讚嘆或毀謗時都不會有歡喜或難過的心念，為什麼我會對別人的讚嘆或辱罵起喜樂或難過的心？這不是非常地愚癡嗎？當我們把兩者併在一起時，時刻刻去觀照之後，慢慢地就會了解一切法是無實的。藉著幻身的修持，可以了解「自身毫無真實義」，這就是幻身修持的目的。

（二）由觀察聲音而淨除對語的執著

前面是就「身」來修持，知道身是不真實的，現在則就我們的「語」──聲音來修持。

1.利用山谷迴音

在聲音上要如何修呢？第一種是在山谷中利用迴音。如果對著山谷大吼，無論是讚嘆的話、惡毒的話或是毀謗的話，當大聲地喊出去時，這些聲音會在空谷中迴轉。如此在這些聲相上做觀察，內心則好好地思惟。

2.使用錄音機播放聲音

在現今這個時代，我們要到山谷中聽迴音比較困難，所以也可以利用錄音的方式將好聽的話與不好聽的話都錄起來，然後再播放，結果會聽到剛剛所講的話反而回

過頭來罵到自己！如此聽著聲音時，我們應該如實地思惟：「這個聲音在本質上並沒有好、壞的差別，只是藉由機器的構造將聲音播送出來，而聲音的本質並沒有真實的意義，沒有好，也沒有壞。」如果能藉此了知聲音的本質是沒有真實性的，則我們將聲音執著為好或不好的意念自然會放下。

(三) 由觀察陽焰而知意念如幻

接著觀修我們的意念是不實的，其觀修的方法是利用「陽焰」。

在夏日時，遠方的路上會看起來好像有水，但是等我們真正到達那個地方時，卻發現並沒有水，這就是陽焰。看陽焰的時候，好像真的有一灘水在那兒晃動，但其實不然。如此藉著觀察陽焰，再反過來查看自己的心念，會發現我們的心念也沒有任何真實的本質，就像陽焰的幻相一樣。內心所起的任何意念其實是剎那、剎那生起的，正如同陽焰一般。

我們的心念到底是從哪裡來？現在住在何處？又跑到哪裡去呢？我們如果仔細觀察心的「來」、「住」、「去」，會發現根本沒有一個真實的心有來、有住、有去的境相，一切都只是自心所起的執著妄念，除此之外，意念本身是沒有真實意義的。藉著不斷的觀察，當我們的內

心起了貪、瞋等念頭時，自己會知道所有的念頭都是虛幻不實的，就如同陽焰一般，因此我們用這種修持方法去實際體會意念是不真實的。

(四) 了知身、語、意皆虛幻不實的總聚觀修法

當我們觀察鏡中的影像時，可以想像鏡中的影像由鏡中出來，再融入自身，而自身也成為像鏡中影像一般地虛妄不實。藉著這種觀修方式，再以佛陀所有關於一切法不實的各種譬喻來不斷地思惟，例如佛說：「**一切有為法如夢、如幻、如水泡、如鏡中影像、如水中月、如陽焰、如乾闥婆城⋯⋯**」等等，要不斷地思惟法義。

當我們先對鏡中的影像加以讚嘆或辱罵，然後再觀察鏡中的影像會不會生起歡喜或痛苦的意念之後，接著要反觀自己，如果對境生起歡喜或痛苦的意念，則進一步要清淨自己的意念，確實了解這些都是虛幻不實的。這時要藉助一些朋友，特別是修行上的法友，藉由他們的稱讚來觀察自己是否會動心？當別人稱讚或毀謗自己的時候，自己是否會有歡喜或痛苦的意念生起？如果自己有喜怒哀樂的意念生起，便需要再進一步針對意念來觀照──生起歡喜或難過的意念本身是沒有意義的、是虛幻不實的。

藉著觀察這兩種境相，我們要學習的是：修到最後，心要如同鏡中影像一樣，對一切的稱讚、辱罵都不會

有任何的起心動念，並且眞正了解那是無實質意義的。對著影像無論如何地稱讚或毀謗，鏡中影像都不會有喜樂或煩惱的意念，而我們自身跟鏡中的影像在本質上是沒有差別的！當我們努力於這種練習時，無論是受到稱讚或譏毀，都要觀察當下自身是否會生起貪著、歡喜或是瞋恨的意念？如果還有這類的意念，就要想：「自己應該如同鏡中影像一般，爲什麼還會起迷惑的意念呢？」如此練習之後，慢慢地，我們在面對一切境界時，就會如同鏡中影像一般地不起心動念，並且了解一切都是虛幻不實的。

初修行的人通常很自然地會對喜歡的外境起歡喜、貪著的念頭，而對討厭的外境起瞋恨、厭惡……等等煩惱的意念，因此當我們在面對喜歡或討厭的外境時，要如實地思惟：「我們正如同鏡中影像一樣，都是虛幻不實的，影像本身並不會生起苦樂的意念，但是爲什麼我們會因爲迷惑而有苦樂的意念呢？」如此多加修習之後，我們便可以更加實際體會到身、語、意皆是虛幻不實的。

二、清淨幻身的修持法

清淨幻身的修法是：我們一開始先起皈依、發菩提心……等清淨的意念，在皈依發心之後，觀想上師爲金剛薩埵的身相，手中拿著鏡子或水晶球，正在對自己開示

幻境的義理，而手中的水晶或鏡子則映出清淨的金剛薩埵本尊身形。我們看著鏡中的金剛薩埵身形，並了解清淨本尊的身相（鏡中金剛薩埵的身相）也是虛幻不實的──雖然身相莊嚴，但也只是徒具形象，沒有真實的本質。以此種觀修方式，能了解一切的清淨本尊只有外相的顯現，其本質是空性

金剛薩埵

的。接下來觀想鏡中的本尊身相融入自身，自身即與本尊無二無別，只具有身相，卻沒有任何真實的體性，當下即是相空無別。

　　以上就是清淨幻身的修法。如果能夠好好地修持幻身，並且有很好的體會，當死亡後中陰文武百尊顯現時，便會對我們有很大的幫助。

三、幻身修持法的利益

　　幻身修持是我們在生處中陰時很重要的一門功課。此時修持幻身，也是為了臨終時做準備，也可以說是臨終中陰的前行修法，或是法性中陰的前行修法。不僅只是在面

臨臨終中陰或法性中陰時需要它，甚至是在生處中陰的階段，我們常常因為對境起貪心、瞋心……等等煩惱而種下不善業，因而感得各種難以面對的痛苦境相，是故若能在平時即好好地修持幻身，對於調伏瞋恨、煩惱會有很大的幫助，也能淨除外在許多的痛苦與煩惱。

睡夢修持法

一、夢的根源

談到睡夢中陰的修持時，必須先談夢的顯現根源是什麼？是從什麼地方顯現的？

其實夢顯現的根源即是本自具足的如來藏。我們知道如來藏具足法、報、化三身，具足清淨的佛智體性，這是如來藏的本質。一切眾生本自具足佛的法、報、化三身之清淨體性，而佛清淨的法、報、化三身在迷惑的眾生中即顯現為身、語、意。也因此，特別是在夢中，我們夢到身、語、意的種種情況，其實皆是如來藏——佛清淨之法、報、化三身的展現。

因此夢的各種現象，皆是因為自身迷惑而由本自具足的如來藏之法、報、化三身虛幻地顯現的。因此之所以會產生夢境，其根源即是源自於如來藏。

至於做夢的近因是自身的氣與明點在脈輪中產生種種變化的緣故，所以睡覺的時候就顯現為各種虛幻的夢

境。有些夢是因為白天在八識中種下很深的習氣，到了夢中，八識中的習氣種子便展現為夢境。而有一些夢境則會顯現出未來會有什麼事情發生或產生什麼變化，像這種帶有預知的夢兆也是有的。

二、睡夢修持法

夢是由各種因緣聚合而成的，因此其本質是空性的、虛幻不實的，所以夢中的一切境相也都是虛妄不實的。然而我們不僅在夢中不知道夢境的虛妄不實，甚至在夢醒之後，內心仍然對所做的夢產生種種執著，祈盼夢境成真，或是恐懼夢境是否有什麼負面意義。對於本自虛幻不實的夢境，我們內心常對其產生許多期盼或恐懼。

對於迷惑的夢境，我們該如何修持以了知自己在作夢呢？修持的方法包括了三個次第：

第一步是持夢，所謂持夢就是能夠知道在做夢。

第二步是能在虛幻的夢中轉變夢境。

第三步是修持淨除夢中障礙的方法。

(一)持夢──知道在做夢

1.各時段的修持法總述

(1)白天修幻身

因為大部份的夢都是由於習氣在夢中顯現各種幻境所致，所以如果在白天能夠不斷地修持幻身，了知一切法的不真實，即有助於對夢境的了知。佛陀在《般若經》中說到：「一切法如同夢中的境相一樣。」因此我們也應如佛陀所開示的去做觀照。

我們白天醒著的時候，要努力修持前面所講的幻身修持法，無論是行、住、坐、臥，時時刻刻都要提醒自己：「一切的境相都如同夢境一般。」在吃飯、做事、走路……等等任何時候，都要觀想成如做夢一樣。

(2)晚上入睡時修持睡夢法門

每天我們在還沒有睡覺以前，要做這樣的發心：**「願我在夢中能如實知夢，並且究竟地幫助一切有情眾生得到解脫！」**在皈依、發菩提心之後，要像佛陀吉祥臥的姿勢一樣，頭朝北，右手放置於臉頰下，左手伸直在大腿附近，並觀想自己是本尊的身相──平常自己修什麼本尊就觀想該本尊，或是自觀為阿彌陀佛、觀世音菩薩。之後觀想在頭部上方有根本上師伴隨著我們一起安睡。

接著觀想自己的喉間安住著蓮花生大士，蓮師大約為一節手指大小般地安住在喉間。我們觀想蓮師為面帶微笑的慈悲身形，身相清晰，卻沒有實體，為一相空無別的身形。自己隨即在心中唸誦祈請文，祈請蓮師加持讓我們於夢中能夠如實知夢，好好地修持睡夢法門。在還沒睡著以

前，要不斷地做這樣的觀想和祈請，再將心安住在沒有散亂的情境中入睡。在內心不斷地祈請之後，我們於睡夢中應該會清楚或記住做了什麼夢，縱使沒有夢也沒有關係。

(3)隔天醒時修如夢

第二天早上醒過來時，我們要一樣地發願：「**願我在白天一切的活動中，也能時時刻刻了知『白天的一切與夢中是沒有差別的』！昨天白天的事，就如同睡夢中的境相一樣，已經過去了。現在我已經醒來，願直到今晚入睡的期間，也能確實了知我所做的一切事情都是不真實的，就如同夢中一樣！**」

如此將白天的修行與晚上的修行融合在一起——白天就像一場夢，晚上也像一場夢，日夜完全融合，這就是夢的修持。

2.馬頭明王觀修法

如果按照前面的方法還是無法持夢的話，可以用另一個觀想方法：入睡前一樣發心、睡姿也是一樣，但是將自身觀想爲馬頭明王忿怒本尊的形相，再

馬頭明王是觀音菩薩的忿怒化現

觀想喉間安住著自己修法的本尊，其身形小小的，卻很清楚。接著同樣唸誦祈請文，祈求自己於睡夢中能夠如實知夢，藉著夢來好好修持，以了知夢的虛妄。

3.種子字觀修法

如果按照上一種方法仍然無法持夢的話，可以用第三個方法：睡覺時觀想自己喉間有一朵四瓣的白色蓮花，蓮花中央有個 𑀖 「嗡」字（om，白色），前面的蓮瓣上是 𑀖 「阿」（ah，藍色），右邊是 𑀖 「怒」（nu，黃色），後方的蓮瓣是 𑀖 「答」（ta，紅色），左方是 𑀖 「喇」（ra，綠色），所以是「嗡阿怒答喇」五個字。我們躺下睡覺，在精神還清楚的時候，觀想將注意力集中在中央的「嗡」字上，開始想睡著的時候則觀想前面的「阿」字，有一點進入睡眠的時候，便觀想「怒」字。如此依次觀想，當觀想到「喇」字的時候，也差不多要睡著了。之後將心再回想到中央的「嗡」字。以這樣的方式大概在夢中就可以持夢。

4.明點觀修法

另外也可以觀想喉間有一個光點，內心虔誠地祈請佛菩薩加持自己在夢中能如實地知道夢境，之後入睡。

5.持夢的重點與現象

我們持續地以上述的方法去修持時，最重要的是要知道如何去做融合——白天的時候是一場夢，夜間也是一場

夢，日、夜之間的一切都是如夢如幻的！以這樣的修持將兩者結合在一起。當如此修持的時候，一開始會發現晚上做的夢變多，之後則慢慢地會發現夢境愈來愈清楚，也會知道在做什麼夢，接著甚至在夢中會醒過來，特別是做恐怖的夢時，會驚覺自己是在做夢，並且會從夢中覺醒，而且對夢境的過程會知道得一清二楚。

6.不能持夢的對治法

如果這樣修持之後，仍然沒有辦法真正產生夢境、不能仔細持夢的話，代表自己在修行上仍有很多的障礙，甚至有外在的無形眾生干擾的障礙。此時我們要更努力地在皈依、發心上修持，要多懺悔、多供養、多薈供，然後在懺悔時以清淨的甘露水洗淨身、口、意。上述這些修法會有助於清除修行上的障礙。在一開始時先努力地、作意地去練習於夢中能夠知夢，漸漸地就能達到不需要作意也能在夢中持夢。

（二）轉夢

能夠持夢之後，進一步就要在夢中轉變虛幻的夢境。若要轉變自己的夢境，首先一定要先能持夢。持夢就是在做夢的當下知道自己在做夢。因為知道自己在做夢，所以這個夢境可以自在地轉變。不管做什麼夢，無論是夢到無形的鬼魅或者是各種畜生等境相，自己都可以將

這些夢中顯現的現象化做本尊的身形，而夢中的外境則皆為本尊莊嚴的宮殿。

1.改變顏色

在轉變夢境的修持裡有各種的方式，例如：境相的顏色本來是白色的，我們在剎那間把它變成是紅色的；或者把紅色變成白色的，如此在顏色上觀想、變化。

2.改變數量

又如：某某人、事、物在數量上本來是很少的，也可以將其觀想成非常多；或者由多變成少，這些都可以在夢中做練習。

3.前往佛剎請法

慢慢地熟練轉夢之後，進一步地，我們可以在夢中心裡想：「**願我當下就到東方不動佛的妙喜淨土或是西方阿彌陀佛的極樂淨土……等等諸佛剎土，到了淨土之後向佛求法，最後再回來。**」就像法王如意寶在書中曾經講到他到彌勒菩薩的淨土向彌勒菩薩求法，請彌勒菩薩開示發菩提心的教授，又請彌勒菩薩解說有關

阿彌陀佛的極樂淨土圖

《現觀莊嚴論》中的一些義理一樣，藉著睡夢的修持可以達到這樣的境界。

4.觀想自成本尊以淨除障礙

在睡夢中如果碰到無形的障礙，可以觀想自身是馬頭明王本尊或是自己主修的本尊來降伏對方，並可以此來淨除中陰的障礙。

5.觀想跳入水、火、懸崖或猛獸群中

能夠如實持夢之後，我們在夢中可以練習觀想自己跳入河中或是烈火中，或是從懸崖上跳下去，或是跑到有猛獸的地方，再進入猛獸群中。一開始這樣做可能會有點困難，因為強烈的執著心會讓我們不敢跳，但是慢慢地知道一切都是不真實之後，縱使真的跳下去，這個不真實的身體也不會被淹死、燒死，如此一來內心因執著而產生的恐懼便會慢慢減少，於是就可以自在地跳入水中、火中、懸崖中或猛獸群中。

6.修持轉夢的利益

藉著這樣的修行，心慢慢地就能自在。如果我們本來很容易生氣、恐懼，在修行之後，煩惱很容易地可以被降伏，心也就能很容易地進入定境。也就是說，在這種修行中，可以淨除強烈的執著，讓我們得到真正的自在。

7.睡夢修持法的要點

在睡夢瑜伽修持法的三個次第——持夢、轉夢、淨

除睡夢修持的障礙中，最重要的要點是：白天的時候修幻身，確實知道白天一切的境相都是虛幻不實的，因而藉由幻身的修法而了知一切皆無實；到了睡覺的時候，則藉著觀想喉間的蓮師、咒語、明點⋯⋯等等方法，讓心如實安住，並斷除各種讓我們不能成佛的習氣。

(三) 淨除持夢的四種障礙

我們在修法時，如果不能持夢的話該怎麼辦？此外，夢中也許有一些障礙而使我們無法轉變夢境，要如何淨除此類障礙呢？在「淨除持夢上的障礙」中，這類的障礙有四種：

1.醒失（一知夢即醒覺）及其淨除法

第一種障礙是在夢中知道自己在做夢的時候就醒過來。直接醒過來是一種障礙。因為在知夢之後要利用夢境做修持，如同前面所講的轉變夢境，這要做很多練習的，如果一知道自己做夢就醒過來的話，後面就沒有辦法接續練習，所以這是第一種要淨除的障礙。

淨除的方法是：剛剛咒語、明點等是觀想在喉間，現在則觀想在心間以下或臍輪的位置，或者觀想兩腳掌心有大小像豆子的黑色明點，心裡這樣觀想而入睡，便可以淨除第一種障礙。

2.忘失（忘記持夢而迷惑）及其淨除法

　　第二種障礙是：在夢境現起的時候雖然能夠持夢，但是一下子又忘記要持夢而迷惑在另一個夢中。也就是一開始時知道在做夢，但是夢境轉變之後就迷惑了，這是第二種障礙。

　　這種障礙要如何淨除呢？

　　第一、白天時好好修幻身，如實了知幻身的義理。

　　第二、在還沒有睡覺前，不斷地念誦、祈請本尊或蓮師加持自己在睡夢中能如實地修持，不要陷入迷惑。

　　第三、在睡覺時開始能夠持夢的時候，內心要這樣祈請：「願我能如實地持夢，不再迷惑。」

　　以上這些是淨除第二種障礙的方法。

3.惑失（隨夢境迷惑）及其淨除法

　　第三種障礙是：隨夢境迷惑。

　　雖然一開始能夠持夢，但是卻隨著夢境而迷惑，散亂在迷惑之中，沒有辦法覺知，這是第三種的障礙。為什麼會有這樣的障礙？這是因為習氣、迷惑的力量太強的緣故，所以在夢中沒有辦法知夢，反而被迷惑帶走。

　　為了避免這樣的過失，其淨除方法是：

　　第一、白天的時候好好地修幻身。

　　第二、好好懺悔自身的惡業，修祈願、薈供、除障……等懺悔法門。

　　第三、修持氣的方法，如練習寶瓶氣等。

4.空失（無法入睡而無夢）及其淨除法

第四個障礙是沒有辦法入睡。

有的人一開始觀想、祈請能知夢，結果卻非常亢奮，整個晚上都沒辦法入睡，這也是個很大的障礙，因為沒法入睡就沒有夢境，沒有夢境就無法修持。這時我們便要觀想心間有黑色的明點。

一般我們在睡覺前會猛力地祈請，希望自己於夢中能知夢、持夢，但是不必那麼用力，只要用鬆緩的方式入睡，應該就會有夢兆顯現。如果平常就很容易失眠的話，要修夢瑜伽可能就有點困難，也許對這樣的人來說，好好地修禪定會更有幫助。

(四)對法退失信心與覺受等障礙及其對治法

另外還有一種障礙就是我們在剛開始修行的時候，對某個法門非常有興趣，相當有信心，也十分精進，也會生起某些感受，但是時間愈久，心裡的感覺就愈來愈平淡，最後對這個法門便不再感到法喜，心也散亂了，對法漸漸的不再有信心，也不再有修行的意念……等等，這也是修行上的一種障礙。

在聽聞教法的時候，有人會一聽就覺得自己已經知道了，沒有什麼，心裡面不再生起深刻的覺受和了知，心不能感到踏實，這也是很大的障礙。許多接觸教法一段時日

的行者會有類似的情況，必須善用方法加以淨除。

巴楚仁波切有一句話說：「**在剎那間所生起的出離心就如同虛空中的彩虹一樣，是沒有真實意義的。**」這也就是說，剛開始修行的時候，內心雖然生起很大的出離心，很想努力修行，但是修持一段時間後，心卻開始退轉，喪失了信心，這是沒有什麼意義的。

然後又講：「**很多我們所認識的人就像唐卡一樣。**」這句話的意思是：有很多我們認

偉大的上師──巴楚仁波切

識的人，當他們出現在我們眼前，被自己看到的時候，我們認識他們；可是當他們離開自己以後，我們就沒有將他們記在心裡！這就好像唐卡的正面一般，總是畫得很莊嚴，然而背面卻是空白的，什麼也沒有！

接著再說：「**我們在聞、思、修時，千萬不要像蝌蚪一樣──頭大大的，尾巴卻小小的。**」這是勸勉我們不要虎頭蛇尾，開始時非常精進，等到真正要修的時候，卻什麼也沒有。所以修行需要有長遠心，不要一開始時興致

沖沖，沒有多久就放下來。修行是需要長時間的，甚至我們的這一生都要全力投注在修行中。如果修一段時間就放下，過一段時間再修，充其量只是在心裡種下一些習氣，不會有很大的幫助的！一開始種下修行的種子並不是最重要的，更重要的是持續地修持，這才是最迫切需要的。

我們平常要對四共加行多多思惟──如實了知暇滿人身難得、死亡與無常的道理、業報因果與輪迴的過患……等等，這是非常重要的。還有對空性義理的思惟、慈悲心與菩提心的修持、對三寶生起堅定的信心，以及為了利益一切有情眾生而如實修持……等等都是非常重要的。如果對於以上所講的這些，我們都能夠真正專注地持續修持，夢中的修持也應該會如實成就的。如果具足了這些修行，在夢中仍然不能持夢與轉變夢境，也許代表你對依止的上師在信心上有所缺失，或是於三昧耶戒有所衰損破犯，或是在修行上發生了障礙，這時你就必須要努力地懺悔。要不然就是你沒有把握住修持的要訣，或者沒有真正好好地修持。

（五）睡夢修持法的利益

對於淨除無法如實知夢、持夢等障礙的方法，須努力地去修持。若能知夢、持夢，在臨終的法性中陰與投胎中陰時自然會有很大的幫助。因為在法性中陰與投胎中陰時

所顯現的境相，其實與夢境的本質是沒有差別的。

我們在這一生中，如果有七次能知夢的經驗，到了中陰的時候，一定是能夠解脫的。所以在這一生如果能夠好好地修持睡夢中陰並如實知夢的話，對此生在淨除各種貪、瞋與煩惱意念上會有很大的力量，而且對於臨終的法性中陰、投胎中陰時期也有很大的幫助。

(六) 睡夢修持法的殊勝處

關於睡夢中陰這個階段所開示的修持法，都是六中陰教授裡面甚深的教法。在一般的開示裡，講到夢的時候，並不會詳細地講如何在夢中修法，然後從夢中得到解脫……等等的過程。一般講夢的時候，只會提到：「行者在入睡前，內心應以修持善業的意念來入睡，醒來之後再發願於接下來的一天裡好好地行持善業。」至於在睡夢中如何修持……等等的方法，在六中陰的開示教授中才有提到，所以這是屬於甚深的不共教法。

睡夢中陰的教法在《那若六法》以及密集金剛的甚深教授中是屬於無上圓滿次第的教法。

大部份圓滿次第的教法，都是著重在對眼前的現象能夠如實了知其本質是如幻的、不實的，至於講到我們可以運用晚上的時間在睡夢中如實持夢的教授則是比較少的，因此睡夢中陰的修持教授是屬於特別的不共法門。

(七) 傳授睡夢修持法的動機

　　我在開示六中陰的時候，最初的想法是：「對於生處中陰、臨終中陰、法性中陰以及最後投胎中陰的部份作多一點的講解，至於睡夢中陰的部份只做一些簡單的開示即可。因爲睡夢中陰的種種修持方法非常深奧，如果詳細解說，不知道聽的人是否能夠了解？甚至是否能夠如實地去修持？」

　　然而在開示六中陰的這段期間，經由觀察，我發現來聽法的人大多都是早已接觸佛法並修行很久的弟子，因此我心裡又想：「也許我針對睡夢中陰的部份做一些深入的講解，對大家在修行上可能會有更大的幫助吧！縱使大家沒有辦法在此生中確實了解夢的本質，至少也可以在心裡種下很好的修行習氣。」因爲這樣的因緣，所以我在睡夢中陰的部份將做一些比較詳細的開示。

　　我來到台灣的這幾年裡，都著重在講經說法，由前行、正行到大圓滿的開示，諸位都能如實地受持，所以在這個時候講解睡夢中陰的部份應該是沒有過失的。

　　在這個時代如果要按照修行的次第，先完成前行的修持，一步步地進入到正行，是比較沒有辦法具足圓滿因緣的。因爲大家畢竟不是出家眾，不能長時間在法上聽聞、修持，因此我想特別爲大家傳授這方面的教法。

到目前為止，我在佛學院裡對一般僧眾的傳授，都還沒有講到睡夢中陰這方面的內容。因為在佛學院的教授是按照次第來慢慢地講生起次第與圓滿次第，因此目前所講的這個部份在佛學院裡是還沒有開示的。並不是因為大家的面子比較大，佛學院裡的僧眾面子比較小，而是因為我考慮到在家眾在生活上、時間上與環境上的差異，所以特別給大家開示。

至於佛學院的僧眾因為進入佛學院後可以有很長的時間學習，大約需要花八、九年的時間在法上修持，因此可以按照次第來一年、一年地深入傳授教法。所以我基於想對大家在修行上有更大的幫助與發心才開示比較深奧的法門，希望大家不要在聽了以後就把這個法門放下不修，而是要好好地如實修行這些法門——如何知夢、持夢以及轉變夢境，大家要好好依著要點如實做練習，並了解其意義。

第三節

睡夢光明

一、光明修持法

關於睡夢中陰的修持，前面提到首先要能夠知夢，之後再轉變夢境，並且運用各種方法來淨除修持睡夢中陰的障礙，現在則進一步地宣講如何修光明。

我們修光明法時一開始最好是選擇一個僻靜的地方，如此在修持上比較能夠得到光明的成就。但是依現代目前的環境來講，要以這樣的方式來修是很不容易的，所以如果按照平常我們修持的方式去修也是可以的。

在修持「將睡夢轉爲光明」的修法之前，一樣要先發菩提心，然後祈求上師以及一切本尊聖眾的加持：「祈求讓我們能夠在修行中實際了知睡夢的本質，並將睡夢轉爲光明。」

關於將睡夢轉爲光明有兩個次第：一、從粗的方面來講：就是我們常講的睡夢光明，將睡夢轉爲光明的本質。二、由微細的方面來說：就是對於空性的意義生起眞

正的了悟。

　　修持睡夢光明的方法是：以獅子臥，如同佛陀欲圓寂時一樣，頭朝北，身體右臥，躺下之後稍微「持氣」。所謂「持氣」就是上氣吸進來以後稍微往下壓，下氣則稍微往上提（提肛），眼睛輕微地向上（但不是很用力地去持這樣的意念）。觀想心間有白色的光點，將心很清楚地安住在光點上。

二、修睡夢光明時產生的現象與利益

　　修睡夢光明進入狀況的時候會產生一種現象：如同無雲晴空一般，非常清澈，毫無烏雲遮蔽，心就這樣清澈地安住。而在睡覺的過程中，一切的沉睡、煩惱意念……等等完全淨除，只有安住在如同無雲晴空的境界中。

　　對於平常修持空性或是將心安住在心性上的修行者而言，由於白天修持的覺受經驗，當晚上修持睡夢光明時，在光明顯現的時候，便能夠契入法身光明境界。

　　當你能夠持夢，並在睡夢中修持睡夢光明，而且契入很好的境界時，就算此時屋子很暗，但是因為修持有所成就，屋內甚至會比白天還要明亮，這樣的境相不僅僅是自己的體驗，甚至連身邊的人也可以感受到。

　　當我們在修持睡夢光明的時候，過去沉睡的現象會逐

漸地轉而成為光明，如同一直安睡在光明中一般，而平常沉睡、昏睡的現象則會漸漸減少。

如果能精進地修持睡夢光明，當臨終中陰的法性光明現前的時候，可以很容易地契入而得到解脫。

凡是有生命的眾生，都會有臨終法性光明的顯現過程，因此若能在睡夢中修持光明，並且有很好的修持經驗的話，未來面臨死亡的時候，對於解脫輪迴會有很大的幫助。因此睡夢光明的修持要訣是能夠幫助眾生在剎那間解脫、趨入法身成就的甚深口訣。

三、睡夢光明的修行要領

睡夢光明的修行要領如下：能夠修持心性或修持空性義理的行者在睡覺時，身體的姿勢如同前面所說，在入睡的時候，將心安住在心的體性中。因為平常修行時就已經了解心的體性是明、空雙運，睡覺時也保持著持續安住，心中自然便能沒有任何的作意，摒除所有的妄想、煩惱而安住在明、空雙運的心性中。於是在入睡的時候，臨終消融次第的現象與法性光明自然會慢慢地顯現。

以此法修持時，在剛躺下、還沒有睡著失去知覺之前，我們要保持這樣的意念——心安住於明、空雙運的體性上而入睡。因為一開始就有修持光明的意念，自然在

睡覺的時候，就不會像以前一樣地陷入沉睡中，甚至夢了很多的夢境卻完全無所知！以前很粗的夢境自己都不了解，慢慢地這種情況會越來越減少、淡化。如此在睡覺的過程中，當你能很清楚地持守在明、空的情境中，睡夢光明的境界就能顯現。如果修行得更深入，慢慢地便不再有夢，夢與睡覺的過程會完全融入光明中。產生這樣特殊的覺受或是境界時，即是將所有的睡夢都融入在光明中。

四、四大與心識消融的過程及修持法

在修睡夢光明的過程中，你會體會到四大消融的過程，分述如下：

（一）地大融入水大

首先第一個階段是地大融入水大。地大融入水大是什麼樣的情況呢？當睡覺時，額頭會有溫熱的感覺，這是地大融入水大的徵兆。因為在修睡夢光明的時候，心一直是安住在心間的白色明點中，所以可以清楚地感受到額頭的溫度。這時要清楚地知道這就是地大融入水大的情境，這樣的覺受稱為「明空的覺受」，也就是在修持睡夢光明時明、空雙運所產生的覺受，所以稱為「明空的覺受」。

（二）水大融入火大

進入第二個過程是水大融入火大。當水大融入火大的時候，會感覺到識的作用相當微細，似乎要生起又不是很清楚，這是代表水大正要融入火大的現象。此時要安住在心間，不離明、空無別的體性。水大融入火大的時候會有覺知的作用，那種覺知很微細，已經離開粗的沉睡狀態，識雖然不是很清楚，但還有其作用。

（三）火大融入風大

第三個階段是更微細的火大融入風大。火大融入風大的時候，粗的妄想念頭已經沒有了，剩下的是很微細的識的作用，但是這個識的作用好像有時候清楚，有時候不清楚，是處在很微細的階段。其實並不是你修行才有這個現象，而是睡覺時的四大消融過程就是如此，自然會有這樣的現象產生。在這個過程中最重要的是時時刻刻將心安住在明、空無別的體性上，心不離明、空的體性，這就是修睡夢光明的要領。

（四）風大融入心識

第四個階段是風大融入到我們的心識。風大融入心識的現象是：前面微細不定的、有時清楚、有時不清楚的

狀況慢慢消失了，繼而進入沉睡中。在這個過程中，我們一樣持續地將心安住於明空無別的體性上。這就是地、水、火、風的消融過程，從躺下去睡覺到真正睡著之間都有這些消融過程存在。

（五）心識融入光明體性

第五個階段是我們的心識融入光明的體性。心識融入光明體性的時候，對一般人來講就是正式進入沉睡中，這時候沒有任何的夢境，只是沉睡而已；但是對正在修睡夢光明的人而言，我們要保持一種意念，不要執著於這樣的沉睡！

我們要知道這個體性是無生的，因此不要起任何的執著，轉而安住在心的明空體性中，要用這樣的方式去面對這個過程。在這個時候如果能了知這就是明、空，當下遠離所有的妄想、意念，就叫做「證悟光明」。

五、安住於明、空體性的練習法

前面講到臨終中陰時，提到微細的消融次第及各種光明的顯現，在睡覺的過程如果好好地修持的話，光明顯現的情境與臨終光明的顯現是相近的。如果在睡覺的時候能如實覺知的話，在臨終的過程中也就能容易覺知。

在睡夢中如果開始能夠持守光明，就要進一步去熟悉，繼而在修行的過程中不斷地安住於明、空的體性上。練習的方法是：找一位法友，告訴他我現在要躺下準備睡覺，繼而修持睡夢光明，請他在旁邊幫忙看著，當你陷入沉睡的時候，立刻把你叫醒，並詢問你是否有安住在明、空的體性中？自己則反省一下是否安住在體性中，如果忘了，兩人可以討論該如何修正，討論完了再進入睡眠，睡著以後再叫起來詢問是否如實地安住？藉由這樣修持，你的睡夢光明很快地便會有很大的進步。

六、觀上師與蓮師無別的光明修持法

如果在上述的修行中仍然沒有辦法如實了知明、空而安住在心性光明中，也有一些方法可以藉由自己的一些感受來進入光明的情境去修持。這個方法是：身體的要領如前面所講的一樣，我們在躺下睡覺的時候，觀想心間有四瓣蓮花，蓮花上安坐著根本上師，他與蓮花生大士是無二無別的，繼而將心安住於上師與蓮師無別的境界中，並清清楚楚地觀想。

我們將心如此安住而入睡時，同樣地，四大消融的過程會出現，在心識融入光明的同時，記得要保持無念、明空，將心安住在清澈的境界中。接著在此境相中觀想與

根本上師無二無別的蓮花生大士身形如同在夢中般清楚地顯現，非常清楚。慢慢地，蓮師的加持會讓我們在睡眠中如同白天一般，見到自己的光明身形；接著，睡覺的地方、床鋪也都會變得明亮，四處是一片光明的境相；而屋子裡外也變得明亮如同白晝一般，然後所住的村莊、城市，乃至整個國家，其他四大部洲都如同白晝般明亮，這個稱作「覺受的光明境相」。

藉著如此的修持，將慢慢地使我們本具的心性與法性的光明二者融合為一，達到真正了悟本具光明的體性。我們藉著觀修時不斷地擴大光明，到了能夠跟本具的光明二者相互融合時，就能得到光明的成就。

七、觀本尊明點的光明修持法

如果這樣的修持方法仍使不上力的話，還可另用他法。

睡覺時，觀想自己就是本尊的身相──平日修法的本尊是哪一尊，就觀想那位本尊的身形。再觀想本尊的內在是空洞的，不似我們的血肉之軀。身體內有中脈，出口在頭頂的梵穴，下方則在臍下四指處。我們觀想中脈是非常清楚、明亮、內外通透的。再觀想中脈於心間的位置有明點，此明點由白色與紅色交融而成，明點中充滿了氣，正

上上下下不停地振動。接著再觀想由明點放射出光芒，照亮自己的全身。一直守持這種念頭，直到光芒充滿全身而入睡，如此則睡夢的過程將融入於光明中。

八、光明的粗細

剛剛所提到的光明有粗、細之分。粗光明如前述之「覺受的光明」，在觀修時可藉此光明來清淨自身，並照亮自身與外境，而且越來越明亮，有如點燃一盞燭火般。其光可照亮黑暗，這就是「覺受的光明」。

微細的光明指的是自心體性的光明。我們在睡夢中，妄念若能完全斷除，自然地便能安處在無分別的清淨境界中。在這無分別的情境中，自心的覺性是非常明晰的，我們應該自然地安處在此明境中。此時，不論是正沉睡或在夢中，覺性是清清楚楚的，此稱之為「微細的光明」。

第四節

睡夢中陰修持的利益

一、使心念轉向善

在睡夢中陰時，如果我們能確實修持這些睡夢法門——持夢、轉換夢境，最後如實安住於光明中，自然在睡夢時，我們的各種貪、瞋、痴……等煩惱意念便會慢慢遮止，甚至無記的意念（無記即陷入沉睡中）亦能遮止，心念則時刻安住在光明體性中，這就是最好的善念。

二、夜間睡夢修持法能增進白晝的修持

我們在白天醒覺時的修法是「共」的修法，至於入睡以後的法門及如何遮止煩惱、無記的意念與如何安住於善的意念……等等是屬於「不共」的法門教授。

在夜間的各種睡夢的修持法對於白天的修行也會有很大的幫助，譬如在睡夢中，了解夢中一切境相的虛妄不實，甚至能自在地轉變夢中的景象，並且把夢境中的一切

過程融入光明的體性中，如此自然在白天時便能輕易了悟一切的境相也是如夢般地虛幻不實，接著對於外在虛幻的境相也能產生將其自在轉變的能力，甚至能將一切幻相確實趨入光明中。因此睡夢修持法對於白天時的修持是有所助益的。

三、有助於臨終、法性與投胎三中陰期的解脫

睡夢中陰的種種修持對於我們在臨終中陰、法性中陰乃至投胎中陰的過程中都很有幫助，例如：在睡夢中若能確實覺知光明的心性，到了臨終中陰的法性光明顯現之當下，自然能如實了知智慧光明的本性而獲得解脫。

當我們在睡夢中已經了解一切夢境都是自性的幻現，在法性中陰時，便容易了知所有的顯現都是本尊的境相，也都是自心的顯現；進而在投胎中陰時，亦能如實了知各種的恐懼、幻境皆是虛幻不實的，皆是自心的顯相，於是便能遠離恐懼而得到解脫。

四、避免浪費生命於愚癡與無記中

一般凡夫不知道如何在睡夢中修持。在一天的二十四小時裡，他約有十四個小時是處於白天覺醒的狀態，而睡夢的時間約有十小時。對凡夫而言，這十小時的睡夢就如此白白浪費掉了，導致其一生毫無意義！

更進一步來說，如此的睡夢是處在愚痴的情境中，當各種夢境顯現時，因為愚痴的緣故而使眾生對夢境起了強烈的煩惱意念；或者是對夢境全無知覺，只是沉睡在睡眠與夢境中，這就是陷入無記的情境，而其實這種無記的情境本身即是一種非常深沉的愚痴。我們經由睡夢中陰的教授而知道如何在夢中修持，這對修行是非常有幫助的！

五、有益於失眠者

對於常失眠或貪睡者，這種睡夢的修持是很好的方法，特別對失眠者會有很大的幫助。因為經由睡夢中的修持，慢慢地我們在睡與夢的情境中就能得到自在，也就不會因為現在的煩惱而失眠。

在密勒日巴尊者的一首偈頌中如是說：「**在睡覺中修持夢光明，在吃飯時，邊吃邊修持壇城的現起，接著供養，然後生起明、空無別的境相。**」

如果在修行中，我們能夠真正領受到修行的要領，便能使我們在行、住、坐、臥中確實地用心在修行上。反之，若不了解修行的要領，縱使身處在一個地方閉關或想要精進修行，到頭來仍然會徒勞無功。

第五節
本章問答

一、修持睡夢光明的人，不只是自己會感受到房子是光明的，旁邊的人也會看到房子是光明的。如果旁邊的人並不是修行人，而他看得到光明表示一定有光線的來源，請問這個光線的來源是由修持者的哪一個部份發出來的？

答：這主要是由這位修行人自己的修行功夫與證悟的力量所展現出來的境相。至於旁邊的人看到這樣的境相並不是因為他本身具有這個能力才看到的，而是他與此修行者具有業緣上的關係，或是他自己本身在氣脈上已有很微細的體悟才能看到這樣的景象。就像有些人在修持本尊生起次第的時候，因為修得非常專注，旁邊的人看到他就是本尊的身形，這是同樣的道理。

二、所以不是每一個人都看得到？
答：是的，並非每個人都看得到。

三、作夢時，心間光明的顏色煩請仁波切再講一次。

答：講到睡夢光明的修法時，心間的明點是白色的。一般我們觀想中脈的時候是外白內紅。

四、在四瓣蓮花上的「嗡阿怒答喇」五個字的顏色，能不能請仁波切再講一次？

答：可以全部都觀想成白色。

五、我們在修睡夢中陰的時候，是一定要先修幻身，然後持夢嗎？可以直接修睡夢光明嗎？

答：按照修行的次第是先修持夢、轉夢，再修光明。直接修光明是最困難的，持夢、轉夢則是比較容易的。由容易的地方開始修，最後再修難的。

六、請問仁波切，您說我們可以直接到佛的淨土去問法，但是我們怎麼知道請示而來的答案是真正由佛所說，或是由我們自己的潛意識所胡亂回答的呢？

答：這有很大的差別，而且自己會清楚地知道。因為在這個過程中，一定是自己已經真正地知夢，知道種種夢境的過程，再進一步地轉變夢境，所以一定要先知夢才能轉夢，否則隨著自己的妄念一直夢下去，根本無法轉變。

所以要先知夢，再練習去轉變夢境，等到在夢中能自在轉變夢境時，當自己一動念要到某個佛的淨土去求法的時候，你就能真正到佛的淨土去，而且你在求法回來的時候，自己是清清楚楚地知道的。有很多修行者的經驗記錄著他們到蓮師的淨土見到蓮花生大士、當時屋裡的景象和他們與蓮師之間的請法與開示……等等內容。修行者在醒來之後，將一切都清清楚楚地記下來，這種例子非常多。所以到時候我們的內心會清清楚楚地知道。

七、請問修行到這種程度是否表示不需要老師了？

答：蓮師不就是你的老師了嗎？

八、持夢的時候要右臥，然後觀想，如果我一直沒有睡著，是否可以翻身呢？

答：可以換個姿勢，否則同一個姿勢躺太久，你將會更睡不著。

九、知夢以後要繼續持夢很困難，譬如說夢到狗來咬我，我的夢就醒了；或是夢到很可怕的人來，我知道他是鬼，想嚇我沒那麼簡單，一想之後就醒了，如此就無法繼續做夢，應該怎麼辦？

答：所以前面講到夢的障礙中的第一個障礙就是「知道自
　　己在做夢時就醒過來」，在這種情況下，之前便有提
　　到該如何去祈請、如何淨除四種障礙。

十、我平常做夢的時候常常會覺得很累，現在要知夢還要
　　轉夢，會不會使我醒來之後更累？

答：應該不會，因為這就是一種修行，縱使睡醒之後覺得
　　疲累，你也要忍受！我們為了修法要忍受難行、苦
　　行，就如同密勒日巴尊者為了修行而忍受各種的苦行
　　一般！我們能夠一邊睡夢，一邊修行，縱使很累也要
　　把握機會。密勒日巴尊者在深山洞穴裡修苦行時，連
　　山上的獵人一看到他都馬上慌張地逃跑，以為是看到
　　了鬼，他的苦行就是修到這個樣，也因此在一生中就
　　得到了成就。西藏諺語說：「沒有經歷痛心徹骨的苦
　　行，無法嚐到歡喜愉悅的成就！」

十一、仁波切對台灣金剛乘的弟子特別慈悲才開示這樣的
　　　法要，但是我們大部份的人基礎是不夠的。在睡夢
　　　中陰的階段雖然不像其他的中陰階段這般猛厲，但也
　　　是需要小心謹慎的。若我們在空性義理的知見上不
　　　足夠，是否有可能因此而助長我們的貪、瞋、癡、
　　　慢、疑？

答：在這樣的修行中，應該不會增長我們強烈的煩惱意念。爲什麼呢？這些法門的要訣就是爲了要斷除強烈的三毒煩惱，因此有這類甚深的修持口訣。在修行中，最重要的是自己對這個法門與傳法上師具有深切的信心。自己要具有智慧，而且在聽了修行的要訣後，必須依著要領實際去修持，這是很重要的。如果能這樣修持的話，不斷地了解一切的現象都是不眞實的，都是虛幻的，如此持續修持下去，一定能證悟的，而不是在增加自己的煩惱意念。

反過來說，修行者自己如果沒有智慧，沒有辦法安住在法門中去修持，反而以自己愚癡的方式去修持，那麼修出來的結果會是如何就沒有辦法保證了。

至於其他的法門，如《那若六法》中的拙火、氣脈、明點……等等的修持法則需要很多前行的功夫與次第，如果前行不圓滿或是次序顛倒，便會產生很多的錯誤與障礙，而睡夢的修持法倒是沒有一定要經過什麼樣的次第。

十二、有些書上說：「睡覺時可先觀想浮屠（佛塔），再觀想自己睡在浮屠上面，這種做法可以避免眾生的干擾。」請問這是真的嗎？這又與仁波切的教法有何差

　　異？而兩者觀修的結果會有不同嗎？

答：在修行上要淨除障礙有很多種不同的觀修方式，剛才開示的睡夢光明最主要並不是用於淨除修持上的外來障礙，而是藉著這樣的修持來了解一切都是不真實的，並且由了解心的本質而契入光明的境界。

　　在座各位大都曾經由不同的上師處接受各種的教法，而在這一次六中陰的開示中，特別是睡夢中陰的法門，也許各位在其他的地方也曾經聽過這類的教法開示。

　　在普通的日常生活中，當我們醒著的時候要怎麼樣修持，大家在一般的書籍中都可以看到這些修行法；至於在睡夢中的修法，甚至睡夢中的種種境相、如何淨除各種障礙……等等的內容，一般而言則是很少開示的，希望大家聽聞以後要好好記在心裡，並且盡量守持這個教法，而且不要四處隨意宣說，這是很重要的。

第六章

禪定中陰

所謂的「禪定中陰」就是指「禪定三摩地」。

「三摩地」一般分為「止」與「觀」二種修持方法，亦即透過生起次第與圓滿次第去修慈心、悲心，繼而進入三摩地的方法。禪定中陰的時間是指進入三摩地的境界之後一直到出定之間，這段期間稱為「禪定中陰」。

禪定中陰的部分，我們不用花很長的時間去解說，因為之前在談到生處中陰時，已經就止觀的修持作了一些介紹；同時在講解法性中陰、投胎中陰及睡夢中陰的過程裡，也已經講到要如何安住在光明的體性中與如何修持知夢……等等的內容，這些都一直在強調「心」應該如何專注在空性中，所以在禪定中陰這部分我們就只做簡短的介紹。

身口意對外在色相的
反應與作用

首先我們從身、口、意三門對於外境的色相及一切法所起的反應與作用來講述修持的要領。

一、一切外相的本質皆為空性

在此我們以蓮花生大士的一個偈頌來做解釋：「**眼所對的一切器世間、有情世間等境相都是無真實義的，一切相的本質都是空性，也都是本尊的相。**」此偈頌所指的是眼所對的外在一切境，乃至於六道眾生、五蘊、十二處、十八界……等等種種境相，雖然有各種外相的顯現，卻無任何的真實義。眾生所見的一切相，無論是多麼美麗、莊嚴，或是多麼醜陋、普通、不起眼，喜歡或是不

喜歡，好的或是壞的，一切都只有外相的顯現，並無任何真實的本質。

二、眾生因執著外相而受束縛

　　眾生之所以受到束縛，是因為內心將其執著為真實，才使自己受外境所束縛。其實一切外境、外相根本無法束縛我們，是因為我們有執實與執著的意念，才會受到外境所束縛。這就是帝洛巴對那若巴開示時所說的：**「子啊！外相是無法束縛我們的，只有內心的貪愛及執著在束縛自己，因此要捨棄內心的貪著。」**我們的眼睛看色相時，並不是不要見一切的色相，而是應該藉色相修心，見色相而不起貪著，這才是最重要的。

　　當我們看到外境時，外相本身並不會讓我們起貪心或瞋念，而是因為自己的內心對外相起了貪著的意念。例如我們覺得某樣東西非常好或是非常醜……等等，是因為自心生起這樣的意念，進一步再生起貪、瞋等意念，再由貪、瞋的意念去造作各種的業。在這個過程中，並非是外相本身具有引起我們三毒的本質，因此外境只是一個助緣，因為助緣而勾起我們各種的煩惱與妄念，進而生起三毒而造業。

三、因執著程度不同而有不同反應

　　我們可以做如下的觀察：有一個人內心具有強烈的貪著，另一個人內心則少欲知足。當這兩個人同時面對同一個境相時，具有強烈貪著者對境相會生起強烈貪著的意念，另一個人因為本來就少有貪念，外境也就不會令他生起什麼貪著的意念。由此觀察我們可以察覺到：事物的本身並不具有引起貪欲的能力，而是因為眾生內心執著程度的差別，而使其產生不同的反應，而非由於外境的差別。

　　對瞋心也可以作同樣的觀察：有一個人的內心容易起瞋恨，另一個人則內心平和。當他們面對同一個境相時，例如有人對他們說了一句重話或難聽的批評話語，第一個人的內心馬上就起了很強烈的反應，很生氣；另一個人聽了之後則虛心受教，內心仍然保持平和。由此可知，並不是那句話具有引起瞋恨的力量，而是我們內心所具有的瞋恨、執著程度的差異而導致不同的反應。

　　我們再做另一項觀察：有兩個心性差不多，內心都對外境不甚貪著的人，當這兩個人面對同一個外境時，內心都會產生相近的想法，不會強烈地想把東西據為己有，或生起歡喜、貪著之心，因為兩人的貪欲都很少。所以事實上煩惱意念的產生，是由於我們本身的貪著或執著的程度所導致。若內心執著強烈，就會生起貪念，後續則引發造業。

The Tibetan Book of Living and Dying

西藏生死導引書 上

第二節

修持要領

一、對外在色境的修持要領——
　　知外在色境無實而能見佛的身

在蓮師的偈頌裡曾經教授了一個口訣：「**在面對外境時，應如實了知一切都只是外相的顯現，毫無任何真實的意義。**」我們對於一切外在的色相，內心勿生起執著，如果能如此修持、了悟的話，就能了解所有外相的顯現都是空性的，一切的顯相與空性是無別的，也能看到清淨的佛、本尊的生起。（此即佛的「身」）一切的外相顯現都是空性的，所以空性是時刻與外相顯現同時俱存的，於是我們當下即能覺知明空本尊的境相，這就是眼睛對外在色境顯現時修持的口訣。

二、對聲音的修持要領——
知聲音無實而能知佛的語

關於對聲音應做的修持，在偈頌中提到：「耳所聽到的外界一切聲音，不論是悅耳的、不悅耳的，其本質都是不真實的。」我們若能如此了解聲的本質是空性的，並將內心安住於離一切執著意念的本質中，解悟聲是沒有生滅的，如此就了知到佛的「語」。

我們的耳朵所聽的聲境（聲塵）主要分為三大類：

一、悅耳的聲音，聽了令我們歡喜。

二、不悅耳的聲音，聽了令我們生厭。

三、中性的聲音，聽了之後沒有什麼感受。

對於所有的聲境，我們在聽到時，當下內心要如實了知，對聲音勿起貪著，勿將其執著為真實，因為聲音本身是離生、滅二元的，其本質是空性的，是超越心的煩惱意念的，因此我們要確實地安住在心的本性之中。以這樣的教法去做，當我們聽到一些粗暴、批評的言語時，內心勿起煩惱，勿起瞋恨或痛苦的意念；聽到讚頌的言語時，內心也勿起驕傲、貪著或我慢的意念。對於一切聲音要如實地了知聲音的本質是空性的，如此就了解到佛的「語」。

平時我們容易對外界的批評起瞋心，其實那是因為我

們內心對那句話起了強烈的執著，對境相執著為真實，才會生起瞋念。如同前面所提到的，面對鏡中的影像時，不論如何辱罵「他」，鏡中的影像都不會有任何煩惱的意念生起，為什麼呢？因為影像對境沒有識的作用，所以「他」不會產生煩惱的意念，也不會起任何貪著。我們因為具有強烈的執著與執實的煩惱意念，所以聽到聲境時，便容易生起煩惱。

我們如果能夠了解到聲的本質是空性的，是離生滅的，依照蓮師修行的口訣，如果聽到好聽的、稱讚我們的話時，內心應當如此省思：「這個外境是怎樣的情況呢？」如此切實地體會到一切聲相的本質都是虛幻不實的，是空性的，便能了解到佛的「語」。

三、對意念的修持要領──
知意念無實而能知佛的意

第三個偈頌談到心（意）對境所起的貪、瞋、痴、慢、疑五毒的心念：「**面對各種外境的要領是對過去的、未來的念頭不要去迎接，也不要去追隨。在意念生起的當下即毫無造作地放下，這是最佳的對治策略。**」詳細解釋這偈頌的意思就是說：我們現在由於面對各種外境而

心念轉變，因而產生貪、瞋、痴或各種無記（中性）的意念，因此對境時的要領是——已經過去的意念勿追隨；對未來的意念勿抓取；而在意念產生的當下，則如實了知意念離生、住、滅，是虛幻不實的，於是毫無作意地安住，由此能如實了知佛的「意」。

有一首偈頌說：「**不要去攪動水，它自然就會清澈。**」例如在山中的泥池塘，如果想要讓它清淨的話，我們就不要去動它，它自然就會非常澄清。如果拿棍子一直去攪動，它反而會愈混濁，永遠不會清淨。同樣地，對於我們的心識也不要去作意、造作，自然就能清明，也自然能止息妄念，趨入法身，當下如實了解心無造作的體性，了解到佛的「意」。眾生的心性與佛的法身是無二無別的，如實了知心的體性，就能證入佛的境界。

禪定中陰這部份主要就是以偈頌來講解從身、口、意三門對外在色相、聲音及內心的意念該如何修持而契入解脫的要領。

附錄

寂忿文武百尊
表解

編號	方位	尊名	座	身色	職相	身處	體性
1	東	普賢王如來 佛母：法性妙母	智眾寶蓮月座	佛父青 佛母白	雙手定印		
2	東	毘盧遮那佛 佛母：法界自在母	獅蓮月寶座	佛父白 佛母紅白	右八幅法輪 左鈴	心脈正中	色蘊 體性智 痴 空
3	東	金剛薩埵 佛母：佛眼佛母	象蓮日寶座	佛父青 佛母淺青	右金剛杵 左鈴	心東脈	識蘊 圓鏡智 嗔 地
4	東	地藏菩薩		白	右苗芽 左鈴		眼識
5	東	彌勒菩薩		白	右那伽樹 左鈴		眼根
6	東	嬉女		白	右鏡 左鈴		色（相）塵
7	東	花女		白	右花 左鈴		過去時分別

編號	方位	尊名	座	身色	幟相	身處	體性
8	南	寶生佛 佛母：摩摩枳	馬蓮日寶座	佛父黃 佛母淺黃	右牟尼寶珠 左鈴	心南脈	受蘊 平等性智 慢 水
9	南	虛空藏菩薩		黃	右劍 左鈴		耳識
10	南	普賢菩薩		紅黃	右穗 左鈴		耳根
11	南	鬘女		淺黃	雙手持花鬘		聲塵
12	南	香女		黃	雙手持薰香		現在時分別
13	西	阿彌陀佛 佛母：白衣母	孔雀蓮日寶座	佛父紅 佛母淺紅	右蓮華 左鈴	心西脈	想蘊 妙觀察智 貪 火
14	西	觀世音菩薩		紅	右蓮 左鈴		鼻識
15	西	文殊師利菩薩		紅	右鄔巴拉 左鈴		鼻根
16	北	塗香女		綠	雙手持香		香塵

編號	方位	尊名	座	身色	幟相	身處	體性
17	西	燈女		紅	右燈 左結印		未來時分別
18	北	不空成就佛 佛母：三昧耶度母	鵬蓮日寶座	佛父綠 佛母淺綠	右交鈷金剛杵 左結印	心北脈	行蘊 成所作智 嫉 風
19	北	金剛手菩薩		綠	右金剛杵 左結印		舌識
20	北	除蓋障菩薩		綠	右經函 左結印		舌根
21	西	歌女		紅	右琵琶 左結印		味塵
22	北	舞女		綠	右食子 左結印		不定時
23	東	守護門尊勝明王 （勝利明王） 明妃：鈎母		白	右鈎 左顱器	心東脈門	身識 常見
24	南	守護門閻摩敵明王 明妃：索母		黃	右索 左顱器	心南脈門	身根 斷見
25	西	守護門馬頭明王 明妃：鎖母		紅	右鎖 左舒掌	心西脈門	身觸境 撥見

編號	方位	尊名	座	身色	幟相	身處	體性
26	北	守護門甘露漩明王明妃：鈴母		綠	右鈴 左鈴	心北脈門	身觸處 相見 我慢
27	東	天道導師帝釋		白	琵琶	頂輪大樂脈中 去慢	我慢
28	東	非天（修羅）道導師綺畫天王（毘摩質多）		綠	劍刃	後吭脈 去嫉	嫉
29	南	人道導師釋迦牟尼		黃	鉢 錫杖	命脈 去貪	貪
30	西	畜生道導師獅子堅固		青	經篋	臍脈 去痴	痴
31	西	餓鬼道導師焰口		紅	寶架	密護樂脈 去慳	慳
32	北	地獄道導師法王		褐	水火	足心脈 去瞋	瞋
33	東	佛陀持持明（蓮舞自在 五光智空行母）		佛父五色 佛母紅白	鉞刀 顱血	喉受用輪脈中	
34	東	金剛持持明（地居持明 白空行）		佛父白 佛母白	鉞刀 顱血	喉受用輪脈東	

編號	方位	尊名	座	身色	幟相	身處	體性
35	南	寶生持明(壽白任持明 黃空行)		佛父黃 佛母淺黃	鉞刀 顱血	喉受用輪脈南	
36	西	蓮華持明(大手印持明 紅空行)		佛父紅 佛母淺紅	鉞刀 顱血	喉受用輪脈西	
37	北	羯磨(事業)持明(任運持明 綠空行)		佛父綠 佛母淺綠	鉞刀 顱血	喉受用輪脈北	
38	東	大脈(殊勝)黑魯嘎嘎 佛母卓底秀哩瑪	尸座	右白左紅 中煙色	右杵、天杖、左鈴、小石、顱血、腸索	腦中	無明煩惱
39	東	佛部黑魯嘎嘎 布達卓底秀哩瑪	尸座	右青左白 中煙色	右輪、斧、劍、左鈴、犁、顱血	腦中脈瓣	色蘊 痴
40	東	金剛(邊札)黑魯嘎嘎 邊札卓底秀哩瑪	尸座	右白左紅 中黑青	右杵、紅顱、斧、左鈴、顱血、犁	腦東脈瓣	識蘊 瞋
41	南	妙寶(囉大)黑魯嘎嘎 囉大卓底秀哩瑪	尸座	右白左紅 中黃黑	右杵、天杖、棍、左鈴、顱血、犁	腦南脈瓣	受蘊 慢
42	西	蓮華(貝瑪)黑魯嘎嘎 貝瑪卓底秀哩瑪	尸座	右白左綠 中紅黑	右蓮、天杖、棍、左鈴、	腦西脈瓣	想蘊 貪

編號	方位	尊名	座	身色	幟相	身處	體性
43	北	事業(羯磨)黑魯黑嘎嘎揭磨卓達香哩瑪	尸座	右白左紅中綠黑	右劍、天杖、棍、左鈴、顱血、犁	腦北脈瓣	行蘊、嫉
44	東	高莉白女		白	棍、顱	腦東脈瓣	阿賴耶識
45	南	卓莉黃女		黃	弓箭	腦南脈瓣	意識
46	西	帕囉紅女		紅	羯摩幢、顱器	腦西脈瓣	末那識
47	北	培大利黑女		黑	紅顱、杵	腦北脈瓣	身識
48	東	布喝西紅黃女		黃	食腸	腦東南脈瓣	眼識
49	南	喝斯瑪哩綠女		綠	顱血、杵	腦西南脈瓣	耳識
50	西	姍陀離女		黃	食心、尸	腦西北脈瓣	舌識
51	北	薩辱下尼		黃	食尸、人首	腦東北脈瓣	鼻識
52	東	僧哈穆卡(獅首)		煙色	食尸	腦東脈瓣外	勝義信心
53	南	桀嘎穆卡(虎首)		紅	交臂	腦南脈瓣外	廣大法界
54	西	西囉穆卡(狸首/狐首)		黑	利刃	腦西脈瓣外	智慧深厚
55	北	狁納穆卡(狼首)		青	尸	腦北脈瓣外	所觸體性
56	東	喫大穆卡(鵬首)		黃	尸、骨	腦東南脈瓣外	見色體性
57	南	岡嘎穆卡瑪(鷲首)		紅	人尸	脈西南脈瓣外	聞聲體性
58	西	喀咯穆卡(鴉首)		黑	顱、劍	脈西北脈瓣外	嗅香體性
59	北	呼嚧穆卡(梟首)		青	杵	脈東北脈瓣外	嘗味體性

編號	方位	尊名	座	身色	幟相	身處	體性
60	東	東門女（虎首持鉤）		白綠	鉤、顱器	腦東門脈瓣	常執
61	南	南門女（豬首持索）		黃	索、顱器	腦南門脈瓣	斷執
62	西	內西門門女（獅首持鎖）		紅	鎖、顱器	腦西門脈瓣	我執
63	北	內北門門女（蛇首持鈴）		綠	鈴、顱器	腦北門脈瓣	相執
64	東	羅剎深褐（牛首）		黃白	杵、顱器	腦東脈瓣外之細微脈瓣	息
65	東	梵天紅黃（蟒首）		白綠	蓮、顱器	腦東脈瓣外之細微脈瓣	息
66	東	大天（豹首）		白	鉞、顱器	腦東脈瓣外之細微脈瓣	息
67	東	大白在天（猿首）		青（白青）	輪、顱器	腦東脈瓣外之細微脈瓣	息
68	東	童貞紅女（熊首）		紅（白紅）	短矛、顱器	腦東脈瓣外之細微脈瓣	息
69	東	帝釋白女（羆首）		白	腸索、顱器	腦東脈瓣外之細微脈瓣	息
70	南	金剛蝠首		黃綠	利刃、顱器	腦南脈瓣外之細微脈瓣	增
71	南	希瓦紅黃（摩羯首）		黃紅	瓶、顱器	腦南脈瓣外之細微脈瓣	增
72	南	甘露蠍首		紅（黃綠）	蓮、顱器	腦南脈瓣外之細微脈瓣	增
73	南	月鵪首		白綠	杵、顱器	腦南脈瓣外之細微脈瓣	增
74	南	短爪狐首		綠（黃綠）	杻、顱器	腦南脈瓣外之細微脈瓣	增
75	南	羅剎虎首		黃黑	顱血	腦南脈瓣外之細微脈瓣	增
76	西	食肉紅女（鵰首）		紅	杻、顱器	腦西脈瓣外之細微脈瓣	懷
77	西	歡喜黃女（馬首）		紅	腔肉	腦西脈瓣外之細微脈瓣	懷
78	西	具力鵬首		紅白	杻、顱器	腦西脈瓣外之細微脈瓣	懷

編號	方位	尊名	座	身色	幟相	身處	體性
79	西	羅刹紅女(犬首)		紅	杵、顱器	腦西脈外之細微脈瓣	懷
80	西	貪欲紅女(鳥首)		紅	弓箭	腦西脈外之細微脈瓣	懷
81	西	護財鹿首		紅綠	瓶、顱器	腦西脈外之細微脈瓣	懷
82	北	風天狼首		青綠	幡、顱器	腦北脈外之細微脈瓣	誅
83	北	婦嫗野羊首		紅	木、顱器	腦北脈外之細微脈瓣	誅
84	北	亥女墨綠		黑綠	獠牙、索	腦北脈外之細微脈瓣	誅
85	北	金剛鴉首		紅綠	人尸、顱器	腦北脈外細微脈	誅
86	北	長鼻墨綠(象首)		綠(黑綠)	大尸	腦北脈外細微脈	誅
87	北	水天青綠(蟒首)		綠(青綠)	蛇索	腦北脈外細微脈	誅
88	東	外門女杜鵑首		白	鉤(鈇)、顱器	腦東脈門外細微脈	息
89	南	外門女金剛黃羊首		黃	索、顱器	腦南脈門外細微脈	增
90	西	外門女金剛紅獅首		紅	鎖、顱器	腦西脈門外細微脈	懷
91	北	外門女金剛蛇首		綠	鈴、顱器	腦北脈門外細微脈	誅
92	東	超拔擲索女		白黃	索、顱器	本無住於身中，唯誦念修法時有之	超拔三千界(法性清淨·含藏·如來藏)
93	南	超拔擲短矛		黃	短矛、顱器	本無住於身中，唯誦念修法時有之，此為人道導師之忿怒身	超拔人道

301

302

編號	方位	尊名	座	身色	幟相	身處	體性
94	西	超拔振鈴女		紅	顱器、鈴	本無住於身中，唯誦念修法時有之	超拔大千界（末那識）
95	北	超拔鵬雷		綠	大鵬、顱器	本無住於身中，唯誦念修法時有之，此為天道導師之忿怒身	超拔天眾
96	東	超拔擲流星		青黑	流星、顱器	本無住於身中，唯誦念修法時有之，此為非天道導師之忿怒身	超拔非天
97	南	超拔擲電鬘		紅黑	電鬘	本無住於身中，唯誦念修法時有之，餓鬼道導師之忿怒身	超拔餓鬼
98	西	超拔擊電肉		白黃	杵、顱器	本無住於身中，唯誦念修法時有之，此為畜生道導師之忿怒身	超拔畜生
99	北	超拔持劍		綠	劍、顱器	本無住於身中，唯誦念修法時有之，此為地獄道導師之忿怒身	超拔地獄
100	東	金剛薩埵		白	杵、鈴	自身	自生本身

藏傳佛教叢書05

西藏生死導引書(上)——揭開生與死的真相
暢銷十週年 新裝書衣版

原　　著	蓮花生大士
取　　藏	南開吉美尊者
講　　授	堪布慈囊仁波切
執行編輯	張志忠、莊慕嫻
美術設計	張育甄
出　　版	全佛文化事業有限公司
	訂購專線：(02)2913-2199
	傳真專線：(02)2913-3693
	匯款帳號：3199717004240
	合作金庫銀行大坪林分行
	戶　　名：全佛文化事業有限公司
	E-mail：buddhall@ms7.hinet.net
	http://www.buddhall.com
門　　市	新北市新店區民權路108-3號10樓
	門市專線：(02)2219-8189
行銷代理	紅螞蟻圖書有限公司
	台北市內湖區舊宗路二段121巷19號
	TEL：(02)2795-3656　FAX：(02)2795-4100
二版一刷	2019年04月
二版二刷	2021年07月
定　　價	新台幣390元

ISBN 978-986-96138-3-5(平裝)

國家圖書館出版品預行編目(CIP)資料

西藏生死導引書. 上 : 揭開生與死的真
相 / 蓮花生大士原著. -- 二版. -- 新
北市 : 全佛文化, 2019.04
　　面 ;　公分. --（藏傳佛教叢書 ; 5）
ISBN 978-986-96138-3-5(平裝)

1.藏傳佛教 2.死亡 3.宗教哲學

226.961　　　　　　　　　107020156